Mirko LANGLOTZ

RAPIDO

Microsoft® WINDOWS 3

EDITIONS MICRO APPLICATION

Auteur Mirko Langlotz

Traducteur Christophe Stehly

ISBN : 2-86899-380-x

Collection dirigée par Philippe Olivier
Edition réalisée par Frédérique Beaudonnet

Sommaire

Préface

RAPIDO ?... Pourquoi ?

Lorsque nous abordons la rédaction d'un nouvel ouvrage, notre premier travail d'auteurs spécialisés consiste à bien définir sa cible, son type de lecteur. Quelles connaissances devra-t-il posséder ? S'il s'agit d'une méthode d'apprentissage à l'intention d'un lecteur néophyte, quel niveau d'informations devrons-nous lui communiquer, sans pour autant le noyer sous une masse de renseignements de second ordre ?

Au fil des années, notre expérience des micro-ordinateurs et des logiciels applicatifs s'est accrue. Celle de nos lecteurs aussi. Jusqu'au jour où nous nous sommes posé une question fondamentale : quelle serait la méthode d'apprentissage idéale pour un utilisateur courant ?

Plusieurs constatations ont motivé nos réflexions. Les utilisateurs quotidiens sont fréquemment amenés à travailler avec plusieurs logiciels, même de manière occasionnelle. En conséquence, ils ne souhaitent qu'une chose : aller droit au but lors d'une initiation, en évitant la consultation d'un ouvrage trop volumineux. D'autre part, ils peuvent très bien maîtriser un produit similaire à celui qu'ils vont étudier, et donc ne pas avoir besoin d'un ouvrage d'initiation extrêmement progressif. Autre cas de figure : le passage rapide d'une version à une autre pour un même logiciel. Dans ce cas, l'on ne souhaitera découvrir que les différences entre les deux produits sans s'éterniser autour des fonctions qui leur sont communes.

Face à ces réflexions, nous avons longuement recherché la méthode pouvant coller au mieux à de tels desiderata, et tout naturellement, nous en sommes arrivés au concept "Rapido".

Tous les arguments cités plus haut vont dans le sens d'une initiation rapide et efficace. Il était donc tout naturel que nous recherchions, avec cette nouvelle collection d'ouvrages, à satisfaire des besoins de ce type.

Comment ?

Puisque la pratique quotidienne représente une bien meilleure approche que de longs développements verbeux, nous avons condensé la théorie au minimum indispensable, afin qu'elle ne devienne pas un fardeau.

Comme il est fréquent d'oublier une information peu de temps après l'avoir acquise, nous avons prévu des résumés pratiques, à la façon d'organigrammes, permettant de synthétiser toutes les opérations concrètes au sein d'un chapitre particulier. Cette présentation nous semble idéale pour s'y référer par la suite, mais aussi pour ceux qui préfèrent passer immédiatement aux actes avant d'avoir lu quoi que ce soit.

Voilà, avec ce Rapido, nous espérons pouvoir vous faire découvrir parfaitement Windows 3, et ce de la manière la plus concise, la plus simple, en un mot, la plus efficace.

Notre seul souhait est que cette méthode vous donne entière satisfaction. Qu'y-a-t-il en effet de plus précieux que le temps gagné ?

La Version 3 de Microsoft Windows

Au moment où IBM livra le premier PC avec le système d'exploitation MS-DOS, personne n'imaginait vraiment qu'il s'agissait d'un événement qui allait bouleverser le monde. La baisse considérable des prix eut vite fait de mettre à la portée de chacun les AT et les 386 : ce sont maintenant des millions de ces ordinateurs qui peuplent les foyers et les entreprises. MS-DOS n'a pas été capable de suivre l'évolution de la technique et les exigences des utilisateurs. Il ne suffisait pas que l'ordinateur fût de plus en plus rapide, il fallait aussi qu'il soit plus simple à utiliser.

C'est pour répondre à cette attente que Microsoft a réalisé Windows 3 : une interface facile à utiliser et qui offre des possibilités jusque-là ignorées par DOS. Windows permet d'exécuter en même temps plusieurs programmes, sans qu'ils se gênent mutuellement (fonctionnement "multitâche"). Les programmes qui s'exécutent en même temps peuvent même échanger des données entre eux. Contrairement à DOS, Windows est capable d'exploiter les modes perfectionnés des AT 286 (mode standard) et des 386 (mode étendu). En mode standard, la fameuse limite des 640 Ko adressables est abolie. Le mode étendu peut même installer de la mémoire virtuelle. Il s'agit de mémoire dont ne dispose pas vraiment l'ordinateur mais qui est simulée par le disque dur. Un processeur 80386 peut ainsi théoriquement gérer jusqu'à 4 Gigaoctets de mémoire.

A côté de ces arguments frappants, Windows 3 se montre également très convaincant par son interface graphique, esthétiquement réussie, facile à manier et très rapide. Le nombre de programmes capables d'exploiter directement cette interface (applications "Windows") ne cesse de croître. Tous les grands fabricants de logiciels travaillent fébrilement pour adapter leurs produits à Windows 3. Mais les programmes qui n'ont pas été développés pour Windows peuvent malgré tout être lancés sous Windows. Si vous possédez un 386, vous pouvez même exécuter ces anciens programmes en multitâche.

Nous voudrions également évoquer ici un problème posé par MS-DOS et qui, avec l'avènement de Windows 3, devrait être définitivement relégué au rang des ennuis passés. Il s'agit des drivers (ou programmes pilotes) chargés de commander les imprimantes, cartes graphiques et autres périphériques. Jusqu'ici vous deviez, au moment où vous achetiez du matériel et des logiciels, veiller à ce que tout fonctionne bien ensemble. C'est ainsi que, ayant acheté une carte graphique quelque peu exotique, il vous était difficile d'amener tous vos programmes à l'adresser correctement. Avec Windows, ce genre de problème n'existe plus. Une imprimante ou une carte graphique installées avec Windows peuvent être exploitées par tous les logiciels Windows, sans que ces derniers soient obligés de fournir un driver spécifiquement adapté. Les sorties imprimante ou écran passent par une interface gérée par Windows et indépendante du périphérique installé. L'adaptation au matériel est prise en charge par un driver unique, installé sous Windows. Il est probable qu'aucun fabricant de matériel ne peut se permettre d'ignorer Windows 3 : de ce fait il est prévisible qu'à moyen terme toutes les imprimantes et toutes les cartes graphiques seront compatibles avec les applications Windows.

1. Installation

Avant de pouvoir travailler avec Windows 3, vous devez l'installer sur le disque dur. Si vous venez d'acquérir un nouveau système sur lequel Windows 3 est installé d'origine, vous pouvez sauter ce chapitre. Il est malgré tout recommandé de le lire dans le cas où vous souhaiteriez un jour modifier la configuration de votre système : vous apprendrez ici comment changer divers paramètres.

☞ *Disquettes*

Votre coffret Windows contient, en plus du manuel, un jeu de 5 disquettes 5"1/4 pouces ou 3"1/2 pouces. Le format des disquettes que vous serez amené à utiliser dépend du type de votre lecteur de disquette.

☞ *PC XT*

Les disquettes de 5"1/4 pouces sont des disquettes haute densité (HD) : vous devez donc posséder un lecteur haute densité. Tous les AT, et spécialement les 386, sont en principe équipés d'un lecteur HD de 5 pouces. Il se peut cependant que certains ordinateurs vendus à bas prix ne comportent qu'un simple lecteur de XT de type DD (double densité). Vous pouvez alors demander à Microsoft un jeu de disquettes DD en remplissant la petite carte qui se trouve dans le coffret et en la renvoyant en même temps que la carte d'enregistrement.

Quel que soit le format, commencez par engager la "Disquette 1" dans le lecteur A: et tapez :

```
A: [ENTREE]
INSTALL [ENTREE]
```

Si vous préférez utiliser le lecteur B: , tapez

```
B: [ENTREE]
INSTALL [ENTREE]
```

Il apparaît une page d'écran qui vous donne diverses informations de base sur le processus d'installation. Tapez [ENTREE] pour poursuivre l'installation.

Vous devez choisir le répertoire dans lequel vous voulez ranger Windows. Le programme d'installation propose spontanément :

```
C:\WINDOWS.
```

Vous pouvez effacer ce chemin d'accès par RET ARRIERE et le remplacer par un autre, par exemple

```
C:\WIN300
```

si vous désirez conserver une version antérieure de Windows. Si vous êtes d'accord avec le chemin d'accès proposé, tapez simplement [ENTREE].

L'écran suivant indique la configuration matérielle détectée par le programme. Si les données affichées sont correctes, vous pouvez simplement les valider par [ENTREE]. Mais il se peut que vous vouliez changer les indications, par exemple si vous avez oublié de brancher la souris et si le programme d'installation ne détecte pas sa présence. Avec les touches de direction déplacez alors la surbrillance sur la ligne à modifier, et une fois parvenu là, tapez [ENTREE]. Le programme affiche alors une autre page d'écran avec une fenêtre qui présente les options possibles. Vous pouvez sélectionner l'une de ces options en déplaçant la surbrillance avec les touches de direction et en validant par [ENTREE]. Pour revenir au menu principal sans rien modifier, tapez ECHAPPEMENT. Si vous avez modifié l'une des entrées "Ordinateur", "Moniteur", "Souris", "Clavier", "Code clavier", "Langue", "Réseau" ou si la surbrillance se trouve sur une de ces lignes, vous devez d'abord la déplacer avec les touches de direction pour la ramener sur la ligne "Pas de modification : La liste ci-dessus correspond au système". Ce n'est qu'à ce moment que vous pouvez valider l'écran par [ENTREE].

Attention ☞ : Windows occupe environ 4,5 Mo sur le disque dur. Si cet espace n'est pas disponible, l'installation s'interrompt d'elle-même.

INSTALL commence par recopier sur le disque les fichiers les plus importants. Au bout d'un certain temps, le programme vous invite à insérer une autre disquette dans le lecteur. Notez bien l'écran correspondant car il réapparaîtra à une ou plusieurs reprises, selon la configuration dont vous disposez. Chaque fois que vous voyez apparaître cet écran, introduisez la disquette demandée dans le lecteur et confirmez par [ENTREE].

Si vous n'avez pas rigoureusement suivi les explications d'installation, il se peut que la zone affichée en vidéo inverse au milieu de l'écran ne contienne ni A:, ni B: mais un autre chemin d'accès. Si tel est vraiment le cas, effacez-le par RET ARRIERE et tapez à la place A: ou B: puis [ENTREE] pour valider.

L'installation se poursuit dans un environnement qui ressemble déjà à l'interface Windows. Si vous disposez d'une souris, vous pouvez déjà l'utiliser. Mais pour le cas où vous n'en disposeriez pas, nous allons décrire la suite des opérations au clavier.

La boîte de dialogue intitulée "Windows Installation" permet de demander à Windows d'installer une imprimante, de prendre en compte les logiciels déjà présents sur le disque et de lire les documents "Lisez-moi", qui sont des additifs de dernière heure au manuel imprimé. Pour ne pas compliquer votre tâche, commencez par renoncer aux trois options proposées. Pour cela, appuyez successivement sur [Alt] + [M], [Alt] + [A] et [Alt] + [D]. Les cases correspondantes qui étaient cochées redeviennent vierges de toute marque. Pour poursuivre, tapez sur [ENTREE].

Install affiche alors une barre qui s'allonge au fur et à mesure de la recopie des fichiers. De temps en temps les opérations sont interrompues par une demande de changement de disquette :

placez alors la disquette requise dans le lecteur A: ou B: et confirmez par [ENTREE].

Lorsque la barre a atteint une progression de 100 %, le programme Install en affiche une autre qui permet de suivre la recopie des polices de caractères. Quand cette phase est terminée, l'écran se couvre pour un bref instant de fenêtres et d'icônes. Ne vous inquiétez de rien : l'écran s'efface très vite de lui-même.

Vous devez alors vous préoccuper de la modification des fichiers AUTOEXEC.BAT et CONFIG.SYS. Ces fichiers contiennent des informations importantes nécessitées par l'ordinateur au moment de son allumage. Pour permettre à votre ordinateur de fonctionner harmonieusement avec Windows, les fichiers en question doivent subir de légères modifications. Heureusement le programme Install se propose d'y procéder lui-même sans que vous ayez à intervenir. N'hésitez pas à accepter cette proposition en appuyant simplement sur [ENTREE].

L'ancien contenu des fichiers AUTOEXEC.BAT et CONFIG.SYS est sauvegardé dans les fichiers AUTOEXEC.OLD et CONFIG.OLD. Le programme d'installation vous en informe par un écran que vous pouvez faire disparaître par [ENTREE].

Voilà, vous êtes arrivé au bout de vos peines. Dans une dernière boîte de dialogue, le programme d'installation demande s'il doit réamorcer le système, relancer immédiatement Windows ou revenir à DOS. Pour entériner les modifications effectuées dans AUTOEXEC.BAT et CONFIG.SYS vous devez prendre la première option : pour cela tapez [ENTREE].

Etapes de l'installation	
A: [ENTREE] INSTALL [ENTREE]	Effectue l'installation à partir du lecteur A:
B: [ENTREE] INSTALL [ENTREE]	Effectue l'installation à partir du lecteur B:
[ENTREE]	Démarre effectivement l'installation
[ENTREE]	Sélectionne le répertoire C:\WINDOWS
	Si les indications affichées ne correspondent pas à votre configuration, modifiez-les comme il est indiqué dans le texte
[ENTREE]	Valide les indications de configuration affichées
[ALT]+[M] [ALT]+[A] [ALT]+[D]	Sélectionnent une installation abrégée
[ENTREE]	Poursuit l'installation
[ENTREE]	Modifie les fichiers AUTOEXEC.BAT et CONFIG.SYS
[ENTREE]	Efface un écran d'information
[ENTREE]	Réamorce le système

2. Maniement de Base

Bien que ce titre ne soit pas très accrocheur, il introduit l'un des chapitres les plus importants du présent ouvrage. Vous allez apprendre les opérations élémentaires pour vous servir de Windows.

2.1 Lancement de Windows

Pour lancer Windows à partir de DOS, il faut taper

```
WIN [ENTREE]
```

A partir du moment où vous avez laissé le programme d'installation modifier votre fichier AUTOEXEC.BAT, le répertoire d'où vous lancez Windows peut être quelconque. Sinon il faut

- soit indiquer le chemin d'accès complet :

```
C:\WINDOWS\WIN [ENTREE]
```

- soit se rendre dans le répertoire de Windows avant d'appeler le programme :

```
CD \WINDOWS [ENTREE]
WIN [ENTREE]
```

☞ *Problèmes de '\' ?*

Si vous n'arrivez pas à obtenir le symbole '\' (backslash) sur votre clavier (à ne pas confondre avec le slash '/'), utilisez la méthode suivante : appuyez sur la touche Alt, et pendant que vous la maintenez enfoncée, tapez les chiffres 9 et 2 sur le bloc numérique qui forme la partie droite du clavier (n'utilisez pas les touches de la rangée numérique du haut), puis relâchez la touche Alt. Le symbole '\' apparaît alors à l'écran. Sur les claviers modernes de type AZERTY, le backslash s'obtient en tapant AltGr + la touche qui porte le symbole '\' sur sa tranche (le "8" de la rangée numérique du haut).

☞ *Choix du mode de fonctionnement*

A titre optionnel, il est possible de préciser le mode de fonctionnement de Windows. Il suffit d'écrire un paramètre dans la ligne de commande. "WIN /r" déclenche le mode réel, qui est le mode normal de fonctionnement d'un processeur qui exécute un programme DOS ordinaire. Certaines applications Windows qui ont été écrites pour des versions anciennes de Windows (1.xx ou 2.xx) ne fonctionnent que dans le mode réel de Windows 3. Mais il existe aussi des programmes récents qui ne peuvent tourner qu'en mode réel. Par exemple le fichier d'échange permanent pour le mode 386 étendu ne peut être modifié qu'en mode réel. Le mode standard, encore appelé "mode protégé", est activé au moyen du paramètre /s : "WIN /s". En mode standard, Windows a plus de facilités pour accéder à la mémoire située au-delà de la limite des 640 Ko. Pour déclencher le mode 386 étendu, il faut taper "WIN /3". Si aucun des paramètres "/r", "/s" et "/3" n'est précisé, Windows prend l'initiative de sélectionner le mode le plus rapide sur votre ordinateur.

D'après Microsoft, les différents modes requièrent les configurations matérielles suivantes :

Mode réel

PC XT avec 640 Ko de RAM

Mode standard

PC AT (processeur 80286) muni de 640 Ko de RAM standard et d'au moins 256 Ko de mémoire étendue. La mémoire d'expansion ("paginée") n'est pas directement exploitable : il faut si possible la convertir en mémoire étendue.

Mode 386 étendu

PC AT 386 (processeur 80386) muni de 640 Ko de RAM standard et d'au moins 1024 Ko de mémoire étendue. La mémoire d'expansion ("paginée") n'est pas directement exploitable : il faut si possible la convertir en mémoire étendue.

☞ *Lancer des applications Windows*

Vous pouvez lancer à partir de DOS un programme qui doit tourner dans l'environnement Windows. Il suffit de taper dans la ligne de commande, outre le mot WIN et le paramètre de mode, le nom du programme, éventuellement muni de son chemin d'accès. Voici deux exemples :

```
WIN \WWORD\WINWORD [ENTREE]
```

lance sous Windows le logiciel WINWORD (Word pour Windows), censé se trouver dans le répertoire \WWORD.

```
WIN /s BKTOOLS [ENTREE]
```

déclenche Windows en mode standard et appelle le programme BKTOOLS (BeckerTools pour Windows) situé dans le répertoire courant.

☞ *Mémoire d'expansion (paginée)*

La mémoire vive d'un AT peut être augmentée de deux façons : on peut ajouter de la RAM directement adressable par le processeur (Mémoire étendue, Extended memory) ou de la mémoire d'expansion (EMS au standard LIM, ou mémoire paginée), cette dernière ne pouvant être utilisée que par des moyens détournés. Avec de la mémoire paginée déclarée, Windows 3 se placera en mode réel. En mode standard et en mode 386 étendu la mémoire supplémentaire doit être de type mémoire étendue. Si votre AT est muni de mémoire d'expansion, essayez de la reconfigurer en mémoire étendue (opération possible si votre ordinateur est récent) ou échangez-la.

Lancer Windows	
WIN [ENTREE]	lance Windows en mode optimal
WIN /r [ENTREE]	lance Windows en mode réel
WIN /s [ENTREE]	lance Windows en mode standard
WIN /3 [ENTREE]	lance Windows en mode 386 étendu
WIN prog [ENTREE]	exécute sous Windows le programme appelé "prog"
WIN /mode prog [ENTREE]	lance Windows dans le mode indiqué ("/r", "/s" ou "/3") et exécute le programme "prog"

2.2 L'écran de Windows

Si vous ne l'avez pas encore fait, lancez Windows par la commande :

```
WIN [ENTREE]
```

Après un bref temps de chargement, vous voyez apparaître un logo, puis le "bureau" sur lequel se trouve une première "fenêtre". Voilà déjà deux notions qu'il nous faut expliquer. Le bureau est la surface de travail représentée par l'ensemble de l'écran. Un programme DOS ordinaire affiche ses sorties directement sur ce "bureau". Sous Windows, il n'est pas possible de procéder ainsi : toutes les applications qui se déroulent simultanément écriraient en même temps sur l'écran, ce qui ferait plutôt désordonné.

La fenêtre (en anglais "window") a été inventée comme un moyen de réguler cette situation. Elle est constituée par une partie d'écran dévolue à une application. C'est dans la fenêtre de l'application que sont saisies et affichées les données de l'application. Mais avant d'étudier plus en détail les fenêtres, il nous faut faire une petite digression à propos de la souris.

2.3 Usage de la souris

☞ *Souris et pointeur*

Lorsqu'on travaille sur un ordinateur, il est souvent plus simple de désigner quelque chose du doigt plutôt que de taper des entrées au clavier. La souris répond justement à ce besoin. Elle ne permet pas de toucher directement l'écran, mais en la déplaçant sur la table on provoque sur l'écran le déplacement coordonné d'une flèche appelée "pointeur". Ce pointeur est alors un peu le prolongement de votre doigt sur l'écran. Si vous n'avez encore jamais utilisé de souris, la présente explication vous paraîtra un peu bizarre. Mais dans la pratique, il s'est avéré que l'usage de la souris était plus efficace que de toucher un écran tactile.

☞ *Boutons de la souris*

Une souris présente de un à trois boutons. Tant que la souris est simplement déplacée, il ne se passe rien d'autre que le déplacement parallèle du pointeur sur l'écran. Ce n'est qu'au moment où vous enfoncez l'un des boutons de la souris que Windows comprend qu'il a quelque chose à faire pour vous. La plupart des applications n'utilisent qu'un seul bouton, celui de gauche. Si dans un manuel il est question "du" bouton de la souris, comme s'il était unique, il faut comprendre qu'il s'agit du bouton gauche.

☞ *Clic*

Pour décrire le fonctionnement d'une souris, les informaticiens utilisent un vocabulaire un peu spécial : par exemple le verbe "cliquer". Cliquer sur un élément de l'écran ("objet") consiste à positionner le pointeur sur cet élément puis, ayant immobilisé la souris, à appuyer sur son bouton gauche. En pratique, on garde toujours l'index posé sur le bouton gauche quand on déplace la souris. Pour cliquer, il suffit alors d'appuyer sans avoir besoin de rechercher le bouton approprié.

☞ *Pointer*

Pointer un élément de l'écran ou "objet" veut dire déplacer le pointeur de la souris jusqu'à ce qu'il se trouve sur cet élément.

☞ *Déplacer un objet*

Les objets peuvent être soumis non seulement à des clics mais aussi à des déplacements. Pour déplacer un objet, pointez-le puis appuyez sur le bouton gauche de la souris sans le relâcher. Déplacez ensuite la souris, en maintenant le bouton enfoncé : dans la mesure où l'objet est mobile, il suit les déplacements de la souris. Lorsque vous relâchez le bouton gauche, l'objet se fixe à la place où il se trouve.

2.4 Fenêtre et compagnie

Reprenons le fil de notre étude. Sur le "bureau" se trouve la fenêtre du gestionnaire de programmes. Les fenêtres sont les zones où les applications affichent leurs résultats et prennent leurs données. Les fenêtres peuvent être déplacées, agrandies, réduites et fermées. Toutes ces opérations sont en votre pouvoir. Le bureau sur lequel se situent les fenêtres est comparable à une table de travail où se trouveraient divers outils. Vous pouvez ranger une table, y disposer des objets ou les en retirer : le "bureau" de Windows peut être soumis aux mêmes opérations.

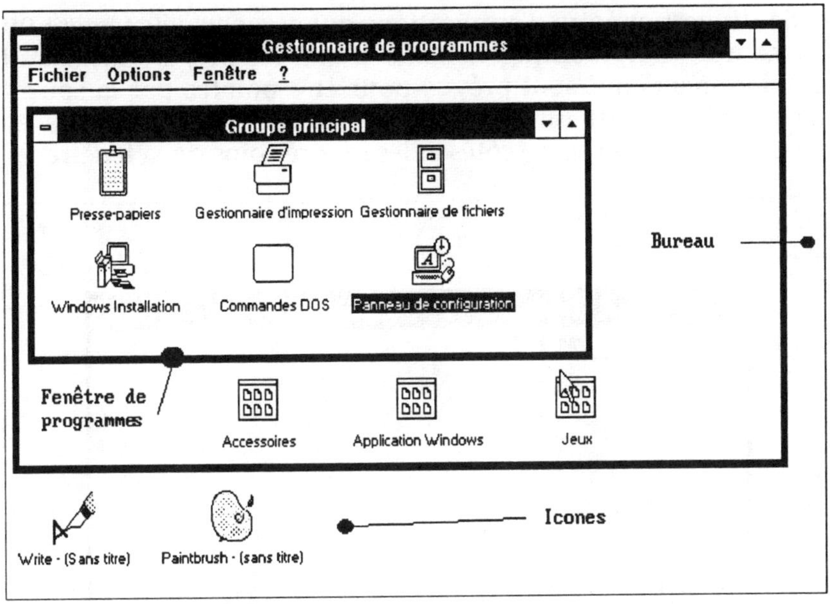

Figure 1 : Bureau et Fenêtre...

☞ *Déplacer une fenêtre*

Lorsque plusieurs fenêtres sont ouvertes sur l'écran, il est souvent utile de déplacer l'une ou l'autre. Pour cela, positionnez le pointeur sur la barre de titre, appuyez sur le bouton gauche et maintenez-le enfoncé. Déplacez ensuite la souris : le pointeur entraîne un cadre de la taille de celui de la fenêtre. Vous pouvez ainsi disposer le cadre à l'endroit de votre choix, toujours en maintenant le bouton gauche enfoncé. Au moment où vous relâchez le bouton, la fenêtre se dessine à l'emplacement du cadre. Vous pouvez même pousser une fenêtre complètement en dehors du bureau (à un pixel près).

☞ *Modifier la taille d'une fenêtre*

La plupart des applications permettent de choisir la taille de leur fenêtre. Les fenêtres redimensionnables se reconnaissent à leur cadre de grande largeur. La fenêtre actuellement visible est celle du gestionnaire d'applications qui comporte justement un tel cadre. Pour modifier la taille d'une fenêtre, il existe huit emplacements qui sont prévus pour être pointés par la souris. La description est un peu compliquée : les emplacements en question sont les quatre côtés et les quatre coins de la fenêtre.

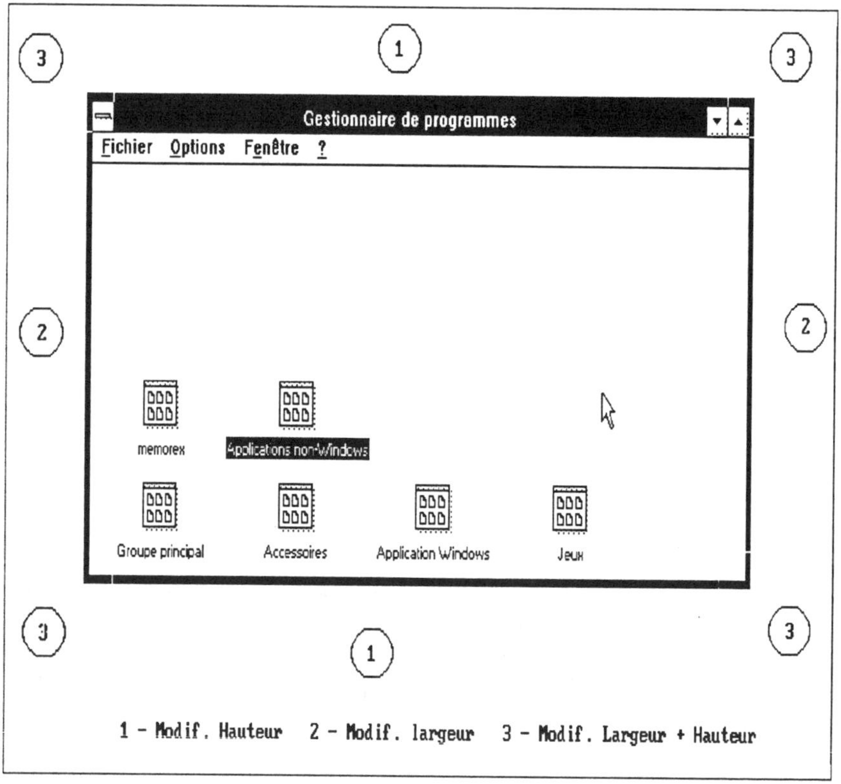

Figure 2 : Emplacements pour redimensionner une fenêtre

Pour modifier la dimension dans une seule direction, horizontale ou verticale, il faut pointer l'un des côtés de la fenêtre et le "tirer" : c'est-à-dire déplacer la souris dans la direction voulue en maintenant le bouton gauche enfoncé. La direction doit correspondre au côté pointé : il n'est évidemment pas possible de tirer vers le bas une bordure verticale!

Si vous tirez en diagonale l'un des coins de la fenêtre, vous pouvez modifier simultanément la hauteur et la largeur de la fenêtre, de façon synchronisée.

☞ *Agrandir et déplacer.*

Pour élargir une fenêtre, vous pouvez tirer son côté droit ou son côté gauche : le choix paraît indifférent. Mais il est parfois avantageux d'opérer plutôt sur l'un des côtés, notamment pour éviter un déplacement ultérieur. De la même façon, l'ordre des opérations de redimensionnement et de déplacement n'est pas indifférent. Une petite fenêtre située au milieu du bureau et qui doit occuper pratiquement toute sa surface doit forcément être déplacée. Si on commence par modifier la taille avant de procéder au déplacement, on se heurte inévitablement au bord droit du bureau, au-delà duquel on ne peut plus tirer le cadre de la fenêtre pour l'agrandir. Mais si on commence par déplacer la fenêtre en la disposant en haut à gauche du bureau, son agrandissement ultérieur ne pose plus de problème.

☞ *Plein écran*

Il est parfois souhaitable d'agrandir une fenêtre autant que possible de façon qu'elle occupe l'intégralité de la surface du bureau. Plutôt que de procéder à des déplacements et agrandissements successifs, on peut utiliser une méthode plus directe.

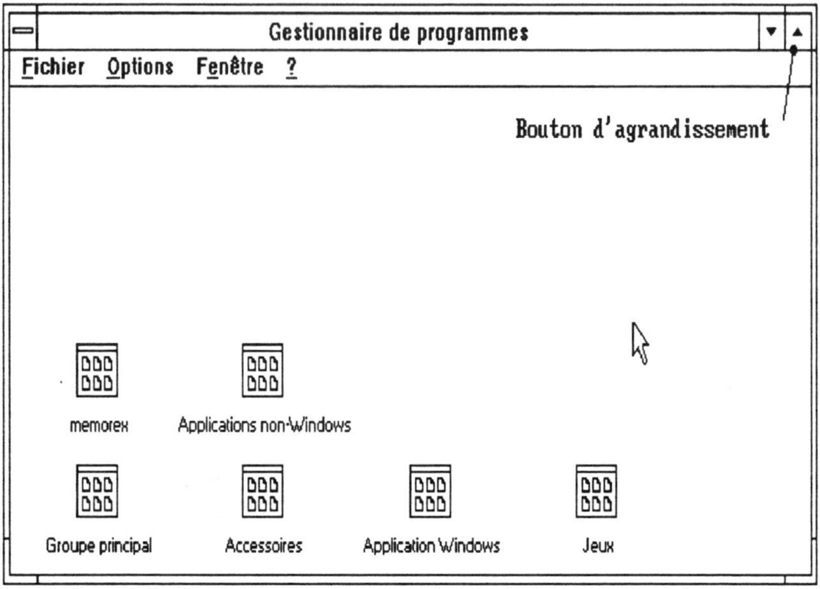

Figure 3 : Case d'agrandissement de la fenêtre

Dans le coin supérieur gauche de la fenêtre d'application vous voyez une case avec une flèche orientée vers le haut. En cliquant sur cette case appelée case d'agrandissement, vous provoquez l'agrandissement de la fenêtre aux dimensions du bureau (agrandissement dit "plein écran").

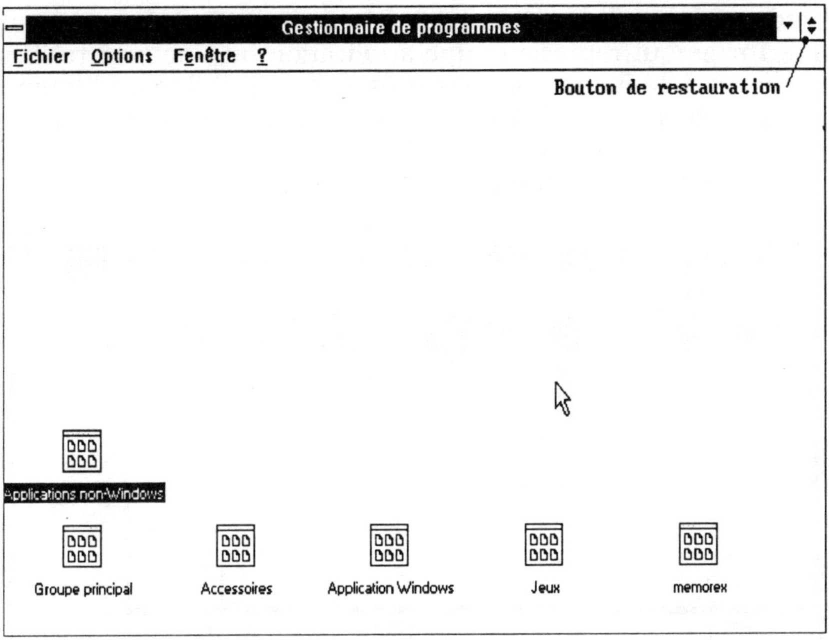

Figure 4 : Case de restauration

A partir de ce moment, la même case comporte deux flèches verticales en sens opposé. Si vous cliquez dessus, Windows rétablit la taille précédente de la fenêtre, celle qu'elle possédait avant d'être agrandie aux dimensions du bureau. L'emplacement initial de la fenêtre sur le bureau est également rétabli.

Toutes les fenêtres ne peuvent pas être ainsi agrandies et réduites : si elles ne disposent pas de la case mentionnée, cette possibilité n'est pas offerte.

☞ *Icône*

A gauche de la case d'agrandissement/restauration se trouve une autre case qui porte une flèche vers le bas. Si vous cliquez dessus, la fenêtre disparaît et est remplacée par une icône. Les icônes de ce type apparaissent toujours au bas du bureau. Elles ne ressemblent pas à des fenêtres habituelles : elles n'ont ni bordure, ni cases sensibles, etc. En général une icône contient une image qui représente une application ou une fenêtre. Les icônes ont été inventées pour préserver la lisibilité de l'écran : lorsque plusieurs fenêtres se trouvent sur le bureau, l'aspect de ce dernier peut devenir confus. Si on réduit quelques fenêtres à l'état d'icônes, la situation devient plus claire.

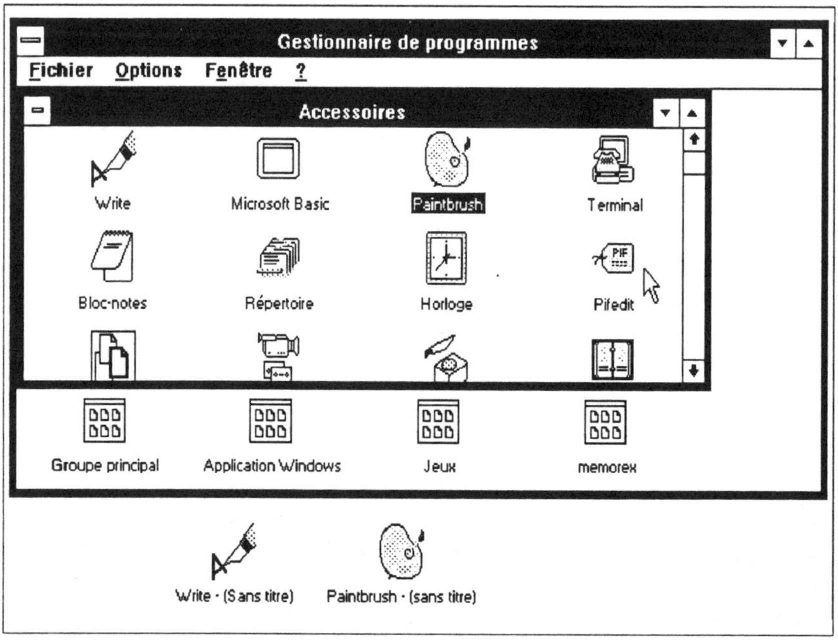

Figure 5 : Fenêtres et icônes d'application

☞ *Restaurer une fenêtre à partir d'une icône*

Comment peut-on retransformer une icône en fenêtre alors qu'il n'y a pas de case de restauration ? Vous avez deux possibilités. Si vous cliquez une seule fois sur l'icône, vous provoquez le déroulement du menu Système qui propose l'option Restauration. Mais vous pouvez aussi cliquer deux fois (double clic) sur l'icône, ce qui déclenchera instantanément le retour de la fenêtre, avec sa taille et à son emplacement d'origine.

☞ *Qu'est-ce qu'un double clic ?*

Le double clic consiste à appuyer deux fois de suite, à intervalle rapproché, sur le bouton gauche de la souris. Pour être reconnu comme tel, le double clic doit être exécuté rapidement. Si vous cliquez une première fois et si vous vous mettez à réfléchir avant le deuxième clic, il est déjà trop tard.

☞ *Déplacer les icônes*

Une icône peut être déplacée comme une fenêtre ordinaire. Positionnez le pointeur sur l'icône, appuyez sur le bouton gauche et maintenez-le enfoncé tout en déplaçant la souris jusqu'à l'endroit souhaité. Vous constatez que le déplacement ne provoque pas l'apparition d'un cadre comme c'est le cas pour les fenêtres.

☞ *Fermer une fenêtre*

Une authentique application Windows (c'est-à-dire qui a été spécialement écrite pour l'interface Windows) se termine normalement par la fermeture de sa fenêtre.

A vrai dire un programme n'est pas obligé d'avoir une fenêtre ou, à l'inverse, il peut ouvrir une douzaine de fenêtres indépendantes. Mais un tel comportement serait contraire à la philosophie de Windows, longuement expliquée dans une abondante documentation.

Comme nous ne disposons que de la seule fenêtre du gestionnaire de programmes, c'est elle que nous allons fermer.

Le plus simple est de cliquer deux fois sur la case du menu Système qui se trouve complètement à gauche de la barre de titre. Si vous cliquez une seule fois sur la case, vous déroulez le menu Système. Mais un double clic provoque la fermeture de la fenêtre. Il serait d'ailleurs plus exact de dire qu'on ne peut pas directement fermer une fenêtre. L'utilisateur demande au programme de fermer sa fenêtre. Il pourrait exister des programmes qui réagissent différemment au double clic : mais aucune application commerciale ne se comporte de la sorte.

Il est par contre assez fréquent que le programme vous demande confirmation de vos intentions : tel est d'ailleurs le cas du gestionnaire de programmes de Windows. Après le double clic apparaît la fenêtre suivante :

Figure 6 : voulez-vous vraiment quitter Windows ?

Cliquez sur OK. La fenêtre et l'ensemble du bureau disparaissent. Bien sûr, dans le cadre de cet exemple, la fermeture est inopportune : car en fermant la fenêtre du gestionnaire de programmes, qui constitue le coeur de Windows, vous provoquez également la clôture de Windows. Rappelez à nouveau Windows en tapant :

```
WIN [ENTREE]
```

☞ *Quitter Windows*

Pour les lecteurs qui entrent dans le texte par les titres de la marge, voici comment quitter Windows : cliquez deux fois sur la case du menu Système et dans la fenêtre qui apparaît cliquez sur OK. (S'il existe des applications en cours d'exécution et si toutes leurs données n'ont pas encore été sauvées, elles peuvent prendre l'initiative d'ouvrir des fenêtres).

☞ *Fenêtres cachées*

Pour ramener au premier plan une fenêtre partiellement recouverte par une autre, cliquez simplement sur une de ses parties. Si une fenêtre est complètement recouverte par une autre, vous devez refermer la fenêtre recouvrante, la déplacer ou la réduire en icône. Une autre possibilité consiste à se servir de la liste des tâches.

NOTE : ☞ Pour passer d'une fenêtre à l'autre sans les manipuler, utilisez [CTRL]+[TAB] pour les fenêtres de groupe, et [ALT]+[TAB] pour les fenêtres de tâches (ou de programmes).

Quitter Windows	
Cliquez deux fois sur la case du menu Système du Gestionnaire de programmes	Vous indiquez ainsi à Windows que vous avez l'intention de quitter le gestionnaire de programmes et Windows
{OK}	Confirmation
	Il est possible que d'autres boîtes de dialogue apparaissent, commandées par des applications en cours d'exécution, notamment lorsque toutes leurs données n'ont pas été sauvées.

2.5 La liste des tâches

Lorsque le bureau est encombré de nombreuses fenêtres, il est parfois pénible de parvenir jusqu'à l'une d'elles, de la fermer ou de la déplacer. Il est d'ailleurs souvent impossible de conserver une vue d'ensemble de toutes les fenêtres ouvertes. Mais la liste des tâches est là pour vous faciliter la vie. Pour l'ouvrir, cliquez deux fois sur un emplacement du bureau où ne se trouve aucune fenêtre. La liste apparaît à l'endroit même où vous avez effectué le double clic.

Figure 7 : La liste des tâches

Dans la partie supérieure de la nouvelle fenêtre se trouve une zone de liste qui contient les noms des fenêtres d'application et des icônes existantes. Si vous voulez déclencher l'une des commandes "Basculer vers" ou "Fin de tâche", vous devez d'abord sélectionner dans cette zone de liste la fenêtre concernée.

☞ *Ramener une fenêtre au premier plan*

Pour ramener une fenêtre au premier plan, il faut la sélectionner dans la zone de liste avant de cliquer sur le bouton "Basculer vers".

☞ *Fermer une fenêtre*

Pour fermer une fenêtre, il faut la sélectionner dans la zone de liste avant de cliquer sur le bouton "Fin de tâche". L'application réagit exactement comme si vous cliquiez deux fois sur la case du menu Système de la fenêtre.

Remarque : ☞ Déclencher l'option "Fin de tâche" pour la fenêtre du gestionnaire de programmes revient à quitter Windows.

☞ *Fermeture de la liste des tâches*

Pour quitter la liste des tâches, cliquez sur "Annuler". La fenêtre de la liste des tâches disparaît également lorsque vous cliquez sur une autre fenêtre.

☞ *Un peu d'ordre sur l'écran*

Il existe deux méthodes pour ranger un ensemble de fenêtres ouvertes. On peut leur affecter la même taille et les afficher en les superposant, de façon que leurs barres de titre soient toujours visibles. Cette méthode est appelée rangement en "cascade".

Si vous ne désirez pas que les fenêtres se recouvrent, choisissez plutôt l'option "Mosaïque". Notez bien que les fenêtres risquent dans ce cas de devenir assez petites si elles sont nombreuses.

Pour obtenir ces rangements sur le bureau, il faut passer pas la liste de tâches. Dans une fenêtre d'application, par contre, l'option du menu "Fenêtre" adéquate ou les combinaisons de touche [MAJUSCULE] + [F4] ou [MAJUSCULE] + [F5], vous permettront de ranger vos fenêtres respectivement en "Mosaïque" ou en "Cascade".

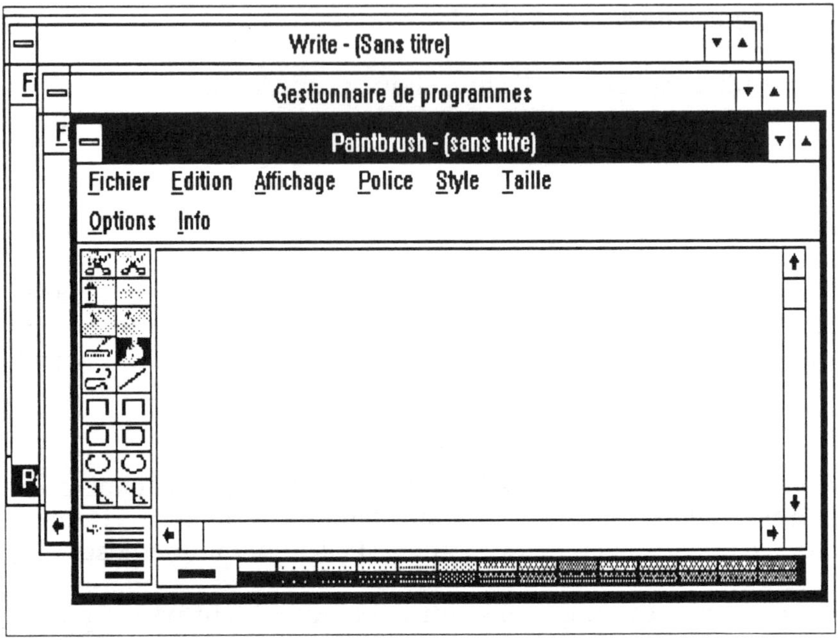

Figure 8 : Disposition de fenêtres en cascade

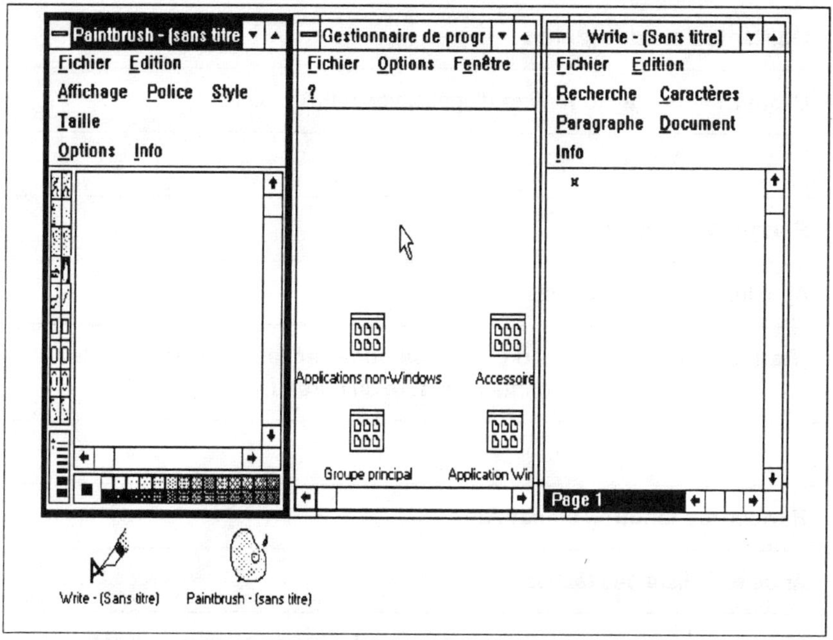

Figure 9 : Disposition de fenêtres en mosaïque

Les dispositions en cascade ou en mosaïque n'affectent que les fenêtres en représentation normale ou plein écran. Les icônes d'application ne sont pas prises en compte : c'est l'option "Ranger les icônes" qui les concerne. Lorsqu'on la déclenche, les icônes d'application se répartissent régulièrement sur la partie inférieure du bureau

Appeler la liste des tâches	
Cliquez deux fois sur un emplacement vide du bureau ou	
Cliquez sur la case du menu Système d'une fenêtre	pour dérouler un menu système
Cliquez sur l'option "Basculer vers"	

Quitter la liste des tâches
Cliquez sur une autre fenêtre d'application ou {Annuler}

Ranger les icônes	
Appelez la liste des tâches.	
{Ranger les icônes}	réorganise les icônes en les rangeant dans la partie inférieure du bureau

Ranger les fenêtres en cascade	
Appelez la liste des tâches	
{Cascade}	dispose les fenêtres de façon qu'elles se recouvrent partiellement

Ranger les fenêtres en mosaïque	
Appelez la liste des tâches	
{Mosaïque}	juxtapose les fenêtres sans qu'elles se recouvrent

Ramener une fenêtre au premier plan avec la liste des tâches	
Appelez la liste des tâches	
Cliquez sur le nom de la fenêtre dans la zone de liste pour sélectionner la fenêtre à traiter	
{Basculer vers}	exécute la commande

Terminer une application avec la liste des tâches	
Appelez la liste des tâches.	
Cliquez sur le nom de l'application dans la zone de liste (sélectionne l'application à terminer)	
{Fin de tâche}	termine l'application

2.5.1 Boîtes de dialogue

Les boîtes de dialogue sont des fenêtres un peu spéciales dont la durée de vie est très courte. Les fenêtres ordinaires restent en général ouvertes tout au long de l'exécution d'une application. Les boîtes de dialogue apparaissent juste le temps d'une confirmation ou d'une saisie d'informations.

Une boîte de dialogue est généralement modale : l'application dont elle est issue ne peut pas être poursuivie pendant qu'elle est ouverte.

Mais il existe aussi des boîtes de dialogue non modales qui s'exécutent en même temps que le programme principal. Les boîtes de dialogue de Windows contiennent un certain nombre de composants standard que nous allons passer en revue. Les programmes d'application peuvent théoriquement imposer leur propre style de boîte de dialogue mais ils le font rarement et s'en tiennent généralement aux modèles de Windows.

☞ *Bouton de commande*

Le bouton de commande fonctionne exactement comme son nom le suggère. On l'actionne en le pointant et en cliquant dessus avec le bouton gauche de la souris. La commande correspondante est exécutée au moment où l'opérateur relâche le bouton de la souris. Si vous déplacez le pointeur au-delà du bouton et si vous ne relâchez le bouton gauche de la souris qu'à cet endroit, la commande ne s'exécute pas. Si vous possédez une carte graphique de type VGA ou 8514/a les boutons de commande sont représentés en relief. Lorsqu'on les actionne, on a vraiment l'impression de les voir s'enfoncer mais ce n'est évidemment qu'une illusion.

☞ *Cases à cocher*

Les boîtes de dialogue ont souvent l'aspect de formulaires administratifs. Vous pouvez y écrire des mots et des nombres, ou sélectionner ou cocher un élément. Les cases à cocher sont des sortes d'interrupteurs à deux positions : OUI/NON.

Figure 10 : Cases à cocher

Quand on clique dessus, une petite croix remplit instantanément la case qui se trouve ainsi cochée. La signification est donnée par la légende qui se trouve à côté de la case. Cocher une case revient à répondre par l'affirmative. Pour enlever la petite croix et répondre NON, il faut cliquer à nouveau sur la case. Notez qu'il n'est pas nécessaire de cliquer exactement sur la case concernée : vous pouvez aussi cliquer sur la légende.

☞ *Cases d'option*

Les formulaires présentent souvent des séries d'options parmi lesquelles il faut en choisir une. Il est obligatoire de sélectionner une case mais par ailleurs il est interdit d'en choisir plusieurs. Ce type de case est appelé "case d'option". Les cases d'option se distinguent des cases à cocher par leur forme circulaire. Un gros point noir apparaît à l'intérieur du cercle lorsque l'option est sélectionnée. Les cases d'option sont utilisées par groupe de deux au minimum. Pour activer une option, il suffit de cliquer sur le cercle ou sa légende. Pour désactiver une option, il faut en sélectionner une autre. En effet, les options s'excluant mutuellement, le simple fait d'en sélectionner une désactive celle qui était précédemment active.

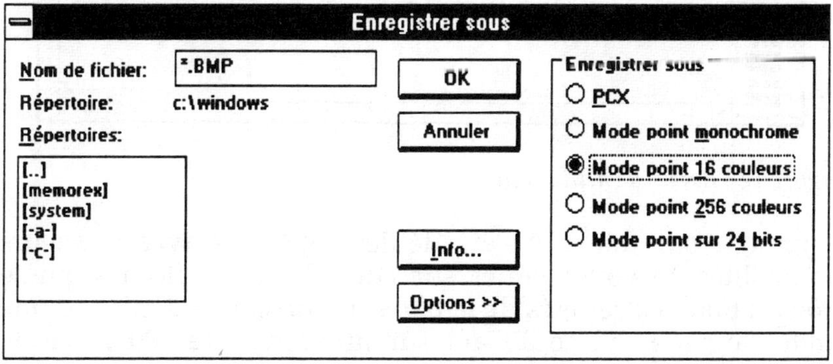

Figure 11 : Cases d'option

☞ *Barres de défilement*

Les barres de défilement correspondent à la représentation graphique d'un curseur qui coulisse sur une réglette. Selon la position de la barre, le curseur peut être déplacé horizontalement ou verticalement. La signification de ce déplacement et ses conséquences sont du ressort du programme qui gère la barre. Les barres de défilement sont surtout utilisées pour fixer une valeur numérique ou choisir une partie d'un ensemble, notamment pour sélectionner la partie visible d'une fenêtre.

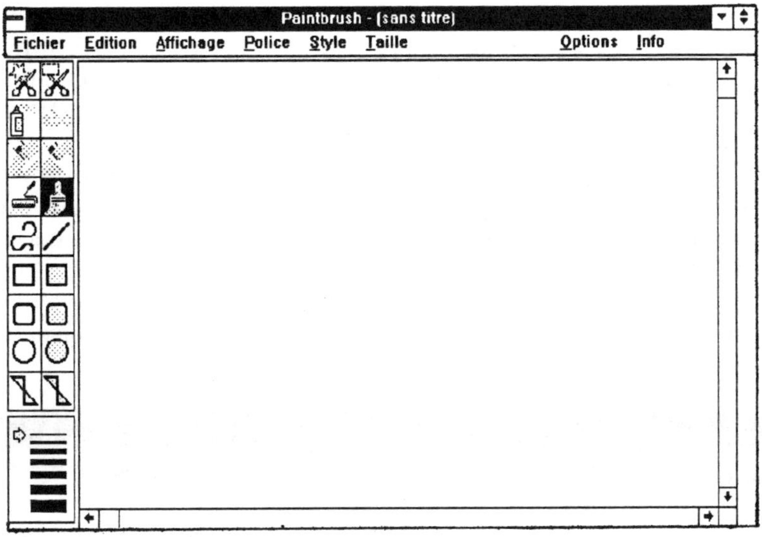

Figure 12 : Barres de défilement

Pour agir sur une barre de défilement, vous avez plusieurs possibilités. Si vous cliquez sur l'une des deux flèches qui se trouvent aux extrémités de la barre, le curseur se déplace d'une unité "logique". Si coulissant sur un espace de 100 pixels le curseur doit servir à sélectionner un nombre compris entre 1 et 1000, il faut 10 clics pour déplacer le curseur de façon visible. Inversement, si le même curseur coulissant sur un espace de 100 pixels doit représenter une valeur comprise entre 1 et 10, chaque clic provoque un déplacement de 10 pixels.

Si en pointant l'une des flèches, vous maintenant enfoncé le bouton gauche de la souris, le curseur se déplace régulièrement dans la direction correspondante. Si l'opération vous paraît encore trop lente, vous pouvez cliquer sur le curseur et en maintenant enfoncé le bouton gauche de la souris tirer le curseur jusqu'à la position souhaitée. Il existe encore une autre possibilité pour déplacer rapidement le curseur : cliquez à l'intérieur de la barre et le curseur avancera vers l'endroit où vous aurez cliqué. Si vous maintenez le bouton gauche enfoncé, Windows renouvelle le déplacement (après un court moment de latence, mais par la suite très rapidement). L'ampleur du déplacement dépend du programme concerné. Avec les barres qui commandent le défilement des fenêtres, le déplacement correspond généralement à une page ou une largeur de fenêtre.

☞ *Zones de liste*

Une zone de liste est un rectangle dans lequel s'affiche une liste d'éléments qui représentent des options : si la liste des options ne tient pas dans le rectangle, ce dernier est muni d'une barre de défilement vertical. Les zones de liste ne sont pas destinées à afficher la liste des options mais elles servent avant tout à effectuer un choix.

La sélection peut être exclusive : dans ce cas le fait de choisir une option désactive automatiquement l'option précédemment choisie. Dans d'autres cas, il est permis de sélectionner plusieurs options simultanées.

Pour sélectionner une option, c'est-à-dire un élément de la liste, il faut cliquer dessus. Pour faire défiler les options, on utilise la barre de défilement. Si cette barre n'existe pas, c'est qu'elle ne se justifie pas parce que toutes les options apparaissent dans la zone. On peut aussi faire défiler la liste sans faire appel à la barre : on clique sur une option, on maintient le bouton gauche enfoncé et on déplace le pointeur vers le haut ou vers le bas. Windows fait défiler la liste tant que le bouton de la souris reste enfoncé et que le pointeur se trouve en dehors de la zone. Pour éviter toute confusion, cette méthode n'est à recommander que pour les zones de liste à sélection exclusive.

☞ *Boîte à liste déroulante*

Ces boîtes constituent une variante de la zone de liste à sélection exclusive. Dans leur état normal, elles se présentent sous la forme d'une ligne unique qui affiche l'option sélectionnée. A droite de la ligne se trouve une petite case munie d'une flèche vers le bas.

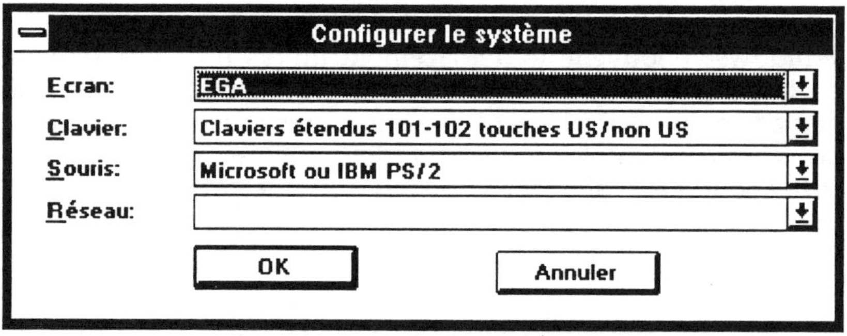

Figure 14 : Boîte à liste déroulante (avant déroulement)

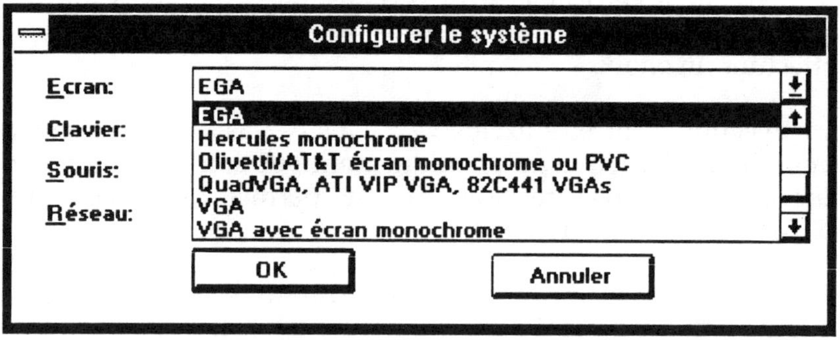

Figure 15 : Boîte à liste déroulante (après déroulement)

C'est en cliquant sur cette case que l'on déroule la liste des options. A partir d'une certaine longueur, la liste est munie d'une barre de défilement. Pour sélectionner une option, on clique dessus et la liste s'enroule à nouveau. Si ayant déroulé la liste, vous décidez finalement de ne pas opérer de sélection, vous disposez de plusieurs moyens pour refermer la liste. Si vous cliquez sur un autre endroit, la liste disparaît. Vous pouvez aussi cliquer sur un emplacement quelconque de la boîte. La case qui a servi à dérouler la liste peut aussi être utilisée pour l'enrouler.

Comme pour les zones de liste, il n'est pas nécessaire de mettre en service la barre de défilement pour faire défiler les options. Il suffit de cliquer à l'intérieur de la boîte, de maintenir le bouton enfoncé et de tirer le pointeur vers l'extérieur. Pour travailler encore plus efficacement, vous pouvez maintenir le bouton gauche de la souris enfoncé alors que vous cliquez sur la case de déroulement de la boîte.

2.5.2 Boîtes de sélection de fichier

Nous allons porter notre attention sur un type de boîte de dialogue spécial destiné à sélectionner un fichier.

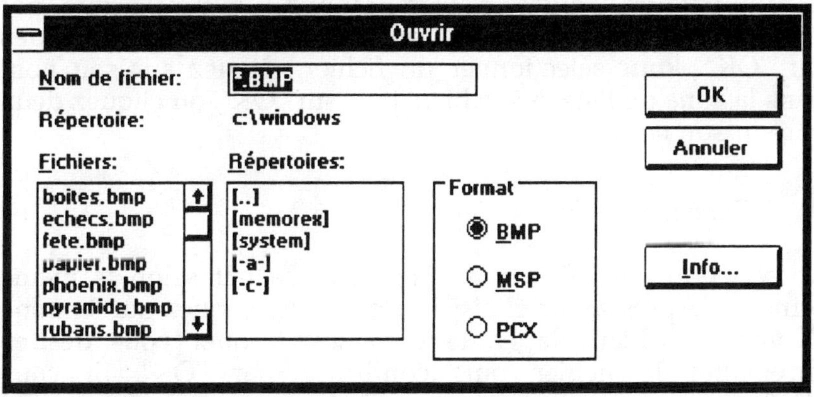

Figure 16 : Boîte de sélection de fichier

Elle est utilisée de façon standard chaque fois qu'il s'agit de charger ou de sauvegarder un fichier. Elle comporte plusieurs zones de commande et options qui peuvent varier en fonction du programme exploité. Mais elle est toujours bâtie sur le même principe.

☞ *Répertoires*

La ligne "Répertoire :" indique le répertoire à partir duquel un fichier peut être chargé. Pour modifier ce répertoire, cliquez sur l'une des options de la zone de liste "Répertoires" et confirmez par "OK". Windows charge alors le nouveau répertoire et en affiche le contenu dans les zones de liste "Fichiers" et "Répertoires". Pour accéder à un autre lecteur, sélectionnez dans la zone de liste "Répertoires" l'option [-x-], x étant la désignation du lecteur. Pour remonter au répertoire parent sélectionnez [..]. Au lieu de cliquer successivement sur le nom du répertoire et sur "OK", vous pouvez simplement cliquer deux fois sur le nom du répertoire.

☞ *Fichiers*

Dans la zone "Nom de fichier" Windows affiche habituellement un masque de recherche avec une extension standard. Pour faire apparaître d'autres fichiers, tapez un autre masque, par exemple "*.*" pour avoir tous les fichiers existants, puis cliquez sur "OK". Pour sélectionner un fichier, cliquez sur son nom dans la zone de liste des fichiers puis sur "OK", ou cliquez deux fois sur son nom.

☞ *Enregistrer sous...*

La sélection d'un fichier à enregistrer se fait selon le même principe. Après avoir choisi le répertoire, cliquez sur la zone "Nom de fichier", tapez le nom sous lequel vous désirez enregistrer le fichier puis confirmez par "OK". Si vous n'indiquez pas d'extension, Windows prend l'extension standard des fichiers associés à cette boîte de dialogue (par exemple ".WRI" pour des documents créés sous MS Write). Si vous voulez imposer un nom sans extension, il faut le terminer par un point (par exemple "TEXTE.").

2.5.3 Barre de menu et menus déroulants

Sous la barre de titre de la plupart des fenêtres d'application se trouve une barre qui contient les entrées de plusieurs menus déroulants. Les menus sont des instruments pratiques, faciles à manier. Ils ne prennent pas beaucoup de place sur l'écran car ils ne sont visibles que lorsqu'on s'en sert. Sinon, à l'état latent, ils se présentent simplement sous forme d'une barre. La souris permet de les dérouler et de sélectionner une option.

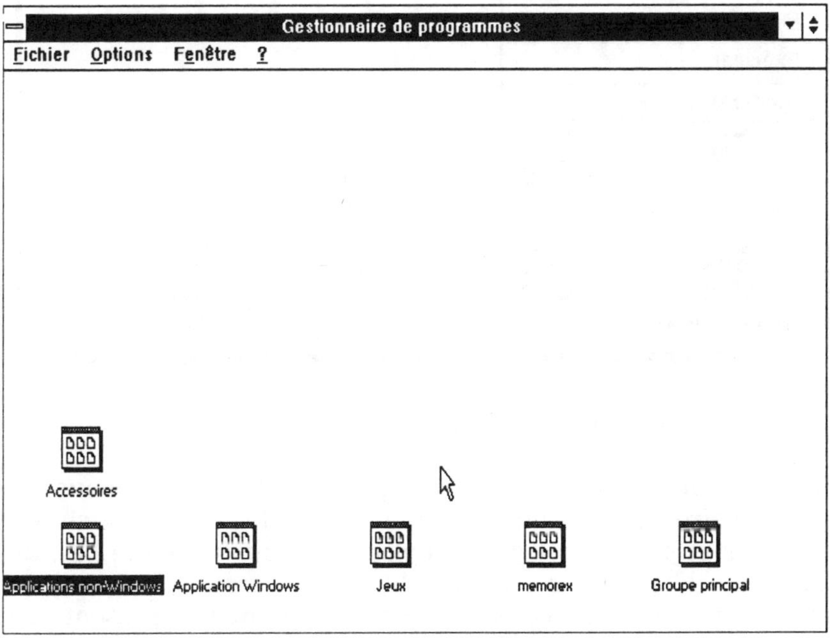

Figure 17 : La barre de menus d'une fenêtre

Le menu de la fenêtre du gestionnaire de programmes peut vous servir de terrain d'expérimentation pour tester le fonctionnement d'un menu. Pointez l'entrée "Fichier", cliquez et relâchez aussitôt le bouton gauche sans déplacer la souris. Le menu se déroule : la dernière option s'appelle "Quitter Windows". Pour la sélectionner, pointez-la et cliquez dessus avec le bouton gauche de la souris. Le menu disparaît aussitôt et la boîte de dialogue "Quitter Windows" apparaît à l'écran :

cliquez sur le bouton "Annuler", puisqu'il ne s'agissait que d'un essai.

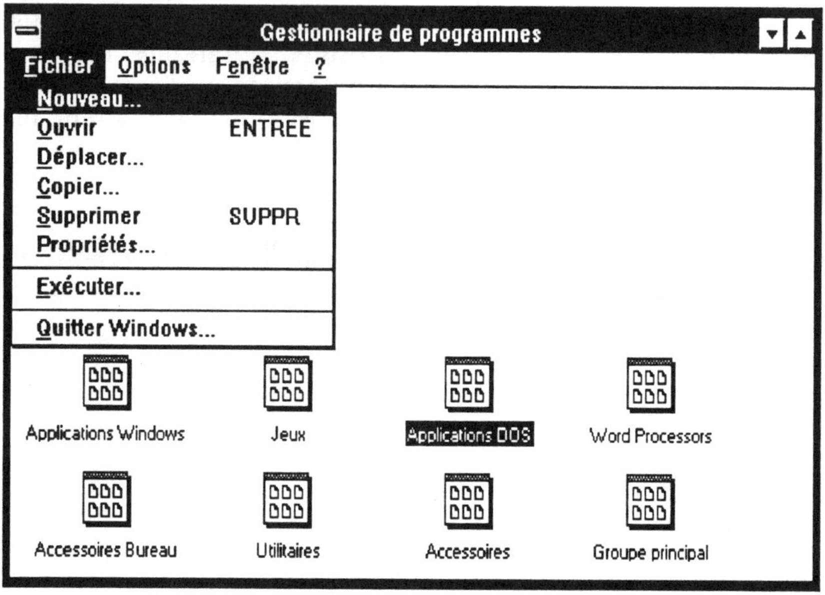

Figure 18 : Le menu "Fichier" déroulé

Pointez à nouveau l'entrée "Fichier" de la barre de menus du gestionnaire de programmes. Appuyez sur le bouton gauche de la souris et sans le relâcher, déplacez la souris vers le bas, de sorte que le pointeur parcoure le menu déroulé. Les options successivement en contact avec le pointeur passent en surbrillance. Si vous relâchez le bouton gauche de la souris, l'option en surbrillance est déclenchée. Essayez cette manipulation avec l'option "Quitter Windows". Cette méthode est plus rapide que la précédente, car elle ne nécessite qu'un seul appui sur le bouton de la souris et elle est plus facile à suivre visuellement. Si vous relâchez le bouton gauche de la souris au moment où le pointeur se trouve en dehors du menu, aucune option n'est déclenchée.

Si vous promenez le pointeur de la souris sur la barre de menus en maintenant le bouton gauche de la souris enfoncé, Windows déroule à chaque fois le menu qui se trouve en contact avec le pointeur ("Fichier", "Options", "Fenêtre", "?").

Vous pouvez ainsi vous remémorer rapidement un ensemble d'options que vous ne connaissez pas très bien.

☞ *Le menu Système*

Nous avons déjà parlé de la case du menu Système qui se trouve dans la barre de titre de la plupart des fenêtres. Jusqu'ici, nous ne l'avons utilisée que pour fermer une fenêtre (en cliquant deux fois dessus). Si vous ne cliquez qu'une seule fois sur cette case ou si vous maintenez le bouton gauche enfoncé, le menu Système se déroule. Il contient diverses commandes que vous pouvez en général actionner de plusieurs manières. Ainsi pour déplacer une fenêtre, il n'est pas pratique d'utiliser l'option "Déplacement". Par contre la dernière ligne intitulée "Basculer vers", qui fait apparaître la liste des tâches, peut se révéler intéressante. Si vous n'avez plus d'emplacement libre sur le bureau où vous pouvez cliquer deux fois, vous avez là un moyen de changer de tâche.

☞ *Options à cocher*

En principe les options des menus servent à déclencher des commandes. Mais il peut aussi arriver qu'une option joue le rôle d'un interrupteur à deux positions appelé "commande à bascule". Lorsque ce type de commande est activé, elle est précédée d'une marque ( ) (Figure 19). A chaque appel la commande change d'état, devenant tantôt active, tantôt inactive. Dans certains cas des options peuvent s'exclure mutuellement. Si vous activez l'une d'elles, une autre sera automatiquement désactivée (Figure 20). Ce principe a déjà été rencontré avec les cases d'option.

☞ *Menus en cascade*

Les options des menus ne sont pas toujours des commandes, elles peuvent aussi conduire à des sous-menus. Dans ce cas, les lignes correspondantes se terminent par un petit triangle formant une flèche vers la droite. Si en maintenant le bouton gauche de la souris enfoncé, vous déplacez le pointeur par-dessus, le sous-menu n'apparaît pas tout de suite. Il faut laisser le pointeur environ une demi-seconde sur la ligne concernée. Au bout de ce petit délai, Windows déroule le sous-menu attendu et vous pouvez y opérer votre sélection en cliquant de la façon habituelle (Figure 21).

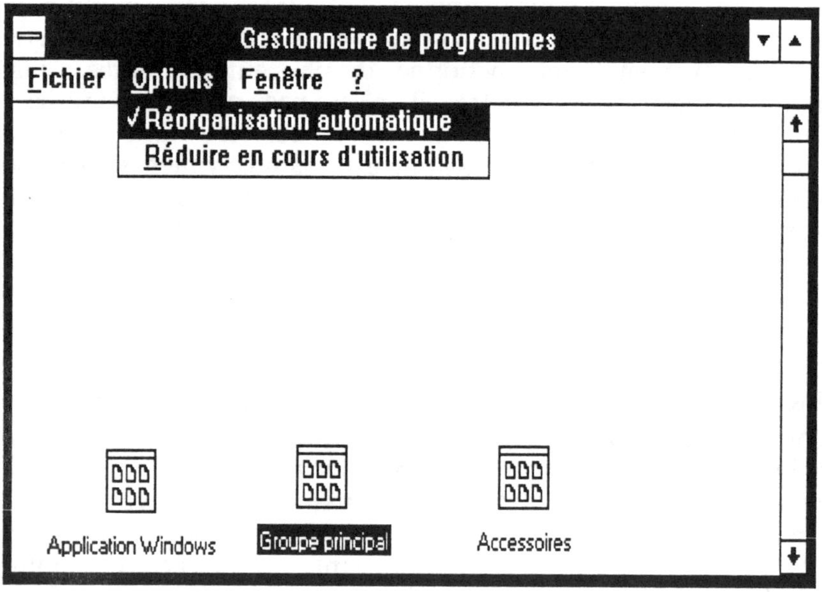

Figure 19 : Menu avec commande à bascule

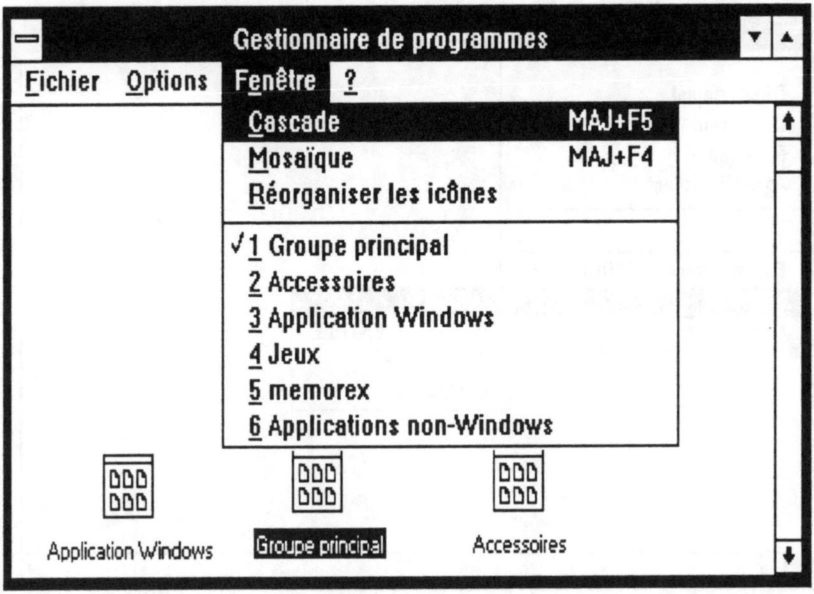

Figure 20 : Menu avec commandes à bascule s'excluant mutuellement

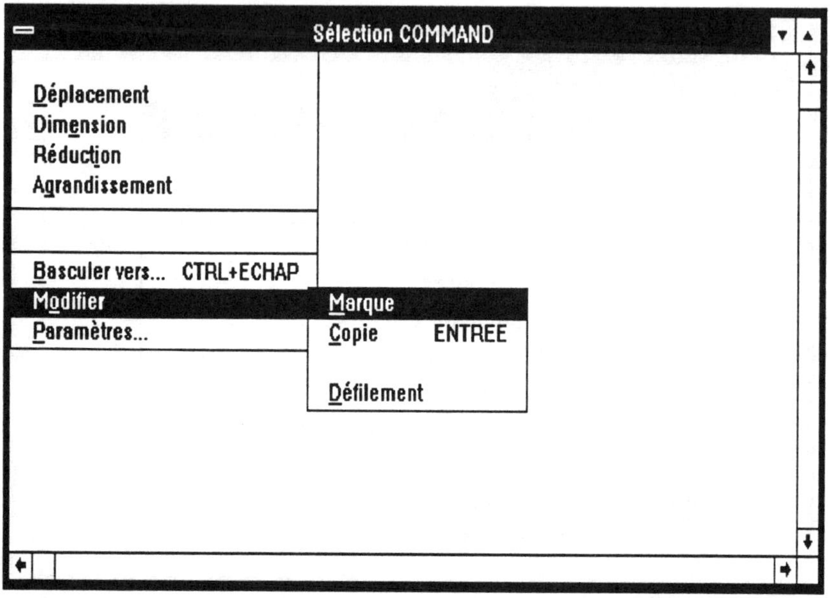

Figure 21 : Menu en cascade

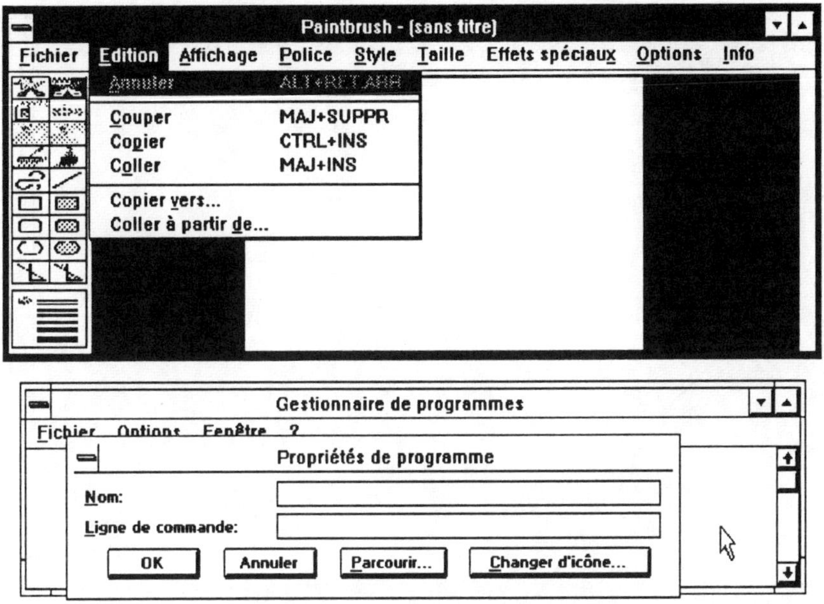

Figure 22 : En grisé : les commandes indisponibles

2.6 Commandes indisponibles

Toutes les options ou entrées de menus ne sont pas toujours exécutables. Pour éviter de cliquer dessus inutilement, elles sont affichées en grisé si vous disposez d'une carte graphique couleur (avec certains écrans, la couleur ressemble d'ailleurs plutôt à un vert sale). Avec une carte monochrome, les commandes indisponibles sont affichées en pointillé (Figure 22).

3 Le gestionnaire de programmes

Avec le gestionnaire de programmes, Microsoft offre une interface qui permet de lancer facilement les applications mais qui n'autorise pas une manipulation très poussée des fichiers du disque. Sous Windows 2.xx, le lancement des applications avait lieu dans la fenêtre qui servait également à l'effacement des fichiers. Windows 3 opère une séparation plus stricte des fonctions. Le gestionnaire de programmes sert uniquement à lancer les applications. Vous ne risquez donc pas de toucher malencontreusement aux fichiers. Pour agir sur ces derniers, il faut mettre en service le gestionnaire de fichiers.

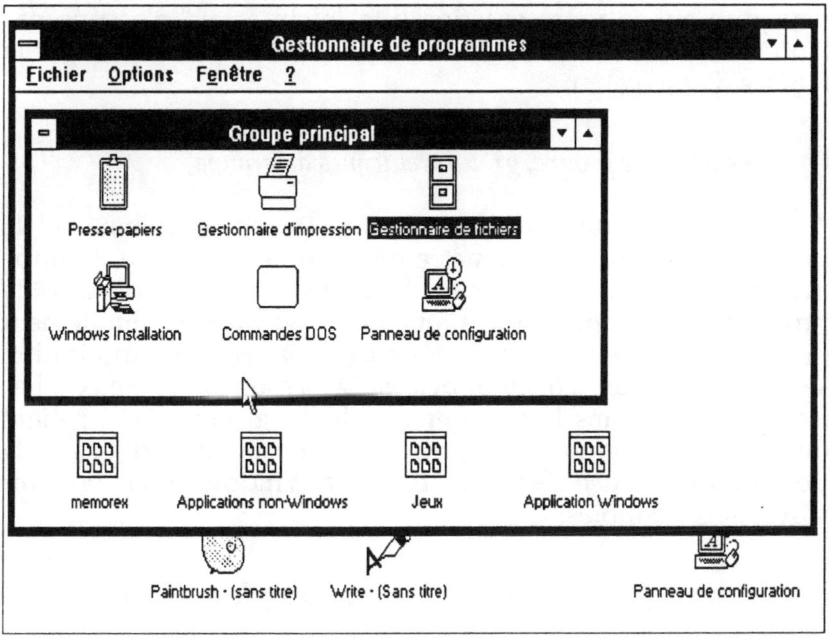

Figure 23 : Le gestionnaire de programmes

3.1 Applications et groupes

☞ *Principe du gestionnaire de programmes*

Le gestionnaire de programmes est le premier programme de type MDI avec lequel vous êtes confronté. MDI signifie "Multi Document Interface". Les programmes MDI ont une fenêtre d'application organisée à la façon du bureau de Windows : il s'y trouve des sous-fenêtres (appelées fenêtres de document) qui ne peuvent être déplacées qu'à l'intérieur de la fenêtre d'application. Ces fenêtres de document peuvent être réduites en icônes ou agrandies en plein écran : d'une façon générale, elles se comportent comme des fenêtres ordinaires. Mais elles ne peuvent pas quitter la fenêtre dont elles dépendent, ce qui veut dire que la représentation dite "plein écran" n'occupe pas l'intégralité du bureau mais se limite à la surface offerte par la fenêtre d'application.

☞ *Fenêtres de groupe, groupes et icônes de groupe*

Au démarrage de Windows, la fenêtre du gestionnaire de programmes ouvre une fenêtre de document appelée "Groupe principal". Les fenêtres situées à l'intérieur du gestionnaire de programmes s'appellent des fenêtres de groupe ou simplement des groupes. Dans la partie inférieure de la fenêtre d'application se trouvent deux icônes appelées "Accessoires" et "Jeux". Les icônes situées dans le gestionnaire de programmes s'appellent des icônes de groupe. Si votre bureau ne répond pas à la description donnée ci-dessus, relancez Windows pour pouvoir suivre nos exemples.

☞ *Lancer des applications à l'aide des icônes de programme*

Une fenêtre de groupe contient également de nombreuses icônes, appelées icônes d'application. Un double clic sur une icône d'application a pour effet de charger le programme correspondant. Faites par exemple l'essai avec l'icône "Presse-papiers" en cliquant deux fois dessus. Puis interrompez l'exécution en cliquant deux fois sur le menu Système du "Presse-papiers".

☞ *Ouvrir un groupe d'applications*

Pour ouvrir le groupe "Accessoires" vous avez plusieurs possibilités. Vous pouvez par exemple cliquer sur l'icône de groupe puis sélectionner l'option "Restauration". Vous pouvez aussi cliquer deux fois sur l'icône.

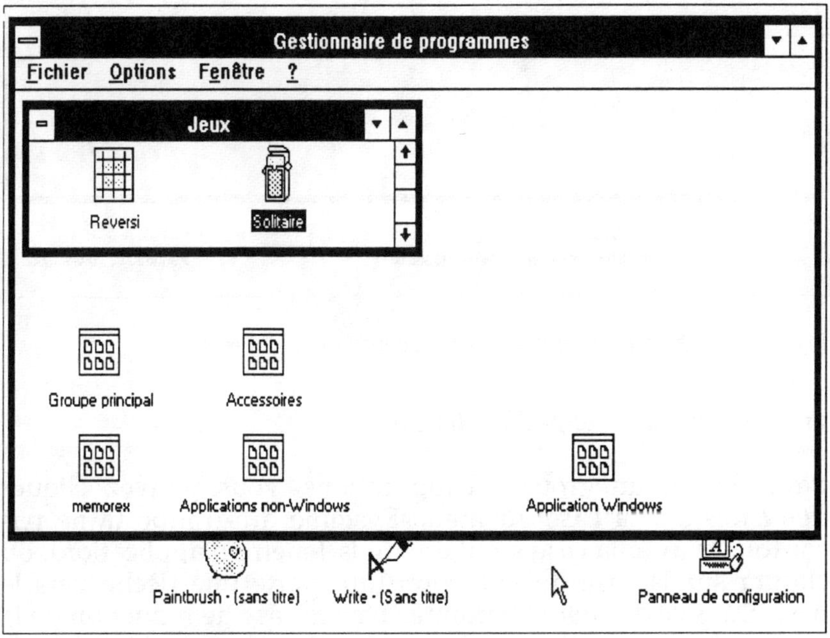

Figure 24 : Fenêtre de groupe

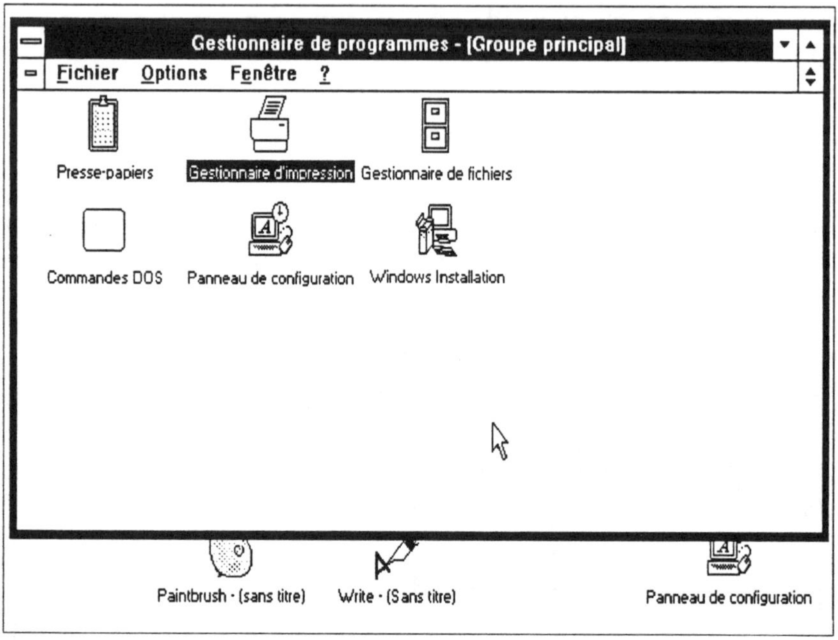

Figure 25 : Fenêtre de groupe en représentation "plein écran"

☞ *Fermer un groupe d'applications*

Pour fermer un groupe d'applications, vous pouvez cliquer deux fois sur la case du menu Système du groupe (à ne pas confondre avec la case similaire de la fenêtre d'application), ou cliquer sur la case de réduction (qui porte une flèche vers le bas). Dans ce dernier cas, pointez bien la case de réduction de la fenêtre de groupe, et non celle de la fenêtre d'application.

☞ *Agrandir un groupe d'applications*

Pour agrandir la fenêtre de groupe aux dimensions du plein écran, cliquez sur la case située complètement à droite de la barre de titre. En fait, le "plein écran" est limité par la fenêtre d'application : il n'occupe pas le bureau tout entier.

Si vous voulez qu'un groupe occupe l'intégralité du bureau, il faut agrandir en plein écran la fenêtre d'application (Figure 25).

☞ *Restaurer une fenêtre de groupe*

Quand vous avez agrandi en plein écran une fenêtre de groupe, elle recouvre et cache les autres fenêtres et icônes de groupe. Pour rétablir la taille et la position antérieures de la fenêtre de groupe, il faut cliquer sur la case à deux flèches située dans la barre de menus de la fenêtre d'application.

☞ *Réduire une fenêtre de groupe en icône*

Les fenêtres de groupe inutilement ouvertes gênent le travail avec les autres groupes. Il est donc intéressant de les reconvertir en icônes de groupe. Pour cela, cliquez sur la case qui porte une flèche vers le bas et qui est située dans la barre de titre de la fenêtre de groupe. Contrairement aux fenêtres ordinaires, les fenêtres de groupe ne peuvent pas directement passer de l'état plein écran à l'état d'icône.

☞ *Restaurer une fenêtre de groupe à partir d'une icône*

Avant de pouvoir travailler sur un groupe représenté sous forme d'icône, il faut transformer l'icône en fenêtre de groupe. Il suffit pour cela de cliquer deux fois sur l'icône en question. Le gestionnaire de programmes ouvre la fenêtre de groupe avec les dimensions qu'elle avait préalablement à sa réduction en icône.

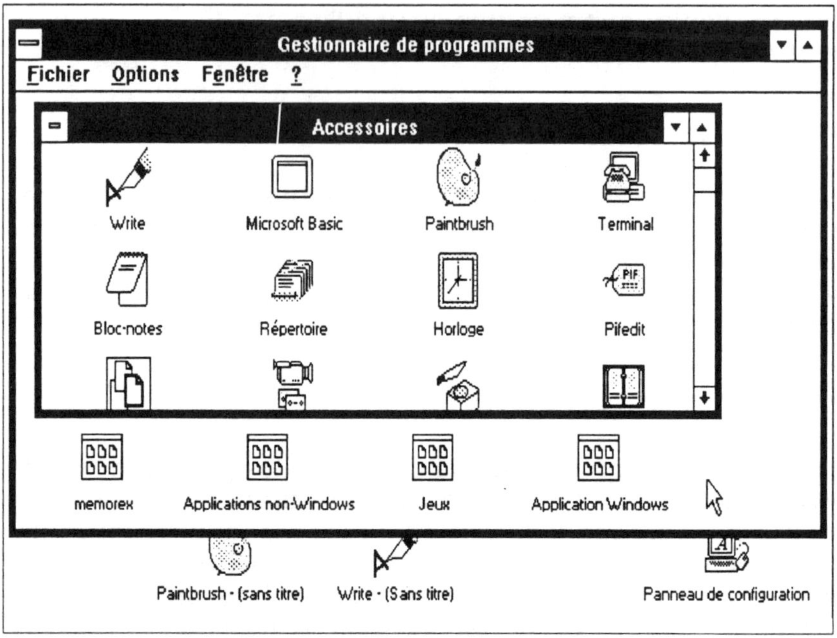

Figure 26 : Case de réduction en icône

☞ *Dimensionner une fenêtre de groupe*

Comme les fenêtres ordinaires, les fenêtres de groupe disposent d'un cadre qui permet de modifier librement leur taille. Si vous réduisez la taille d'une fenêtre de groupe, il peut arriver que certaines icônes d'application ne soient plus visibles. Mais dès que ce phénomène se produit, une ou deux barres de défilement apparaissent qui permettent de faire défiler horizontalement ou verticalement le contenu de la fenêtre de groupe.

Lorsque dans le courant de ce chapitre vous apprendrez à constituer des groupes d'application et à enregistrer les dimensions des fenêtres de groupe associées, veillez à ce qu'aucune icône de groupe ne se trouve en dehors du champ de visibilité de la fenêtre. Si vous avez besoin d'un grand nombre d'icônes, il est préférable de créer plusieurs groupes d'application.

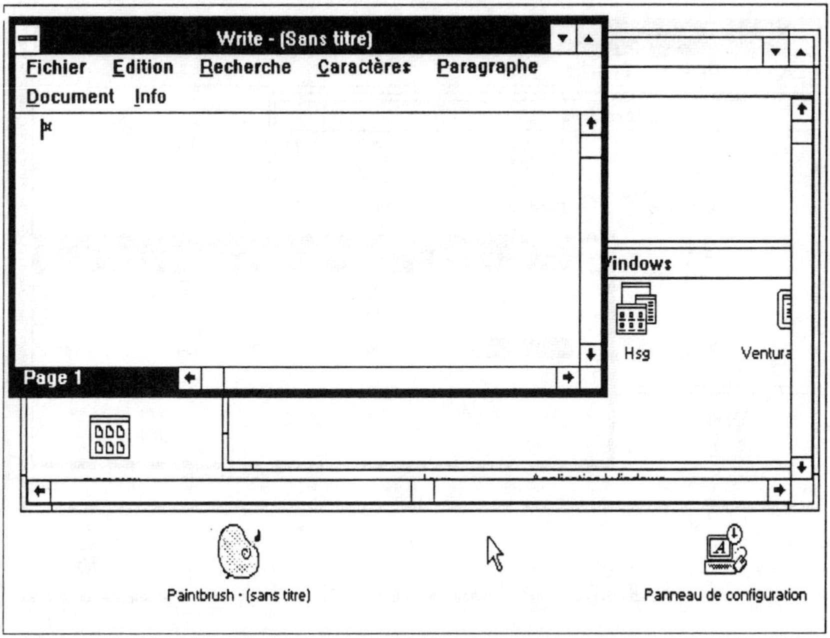

Figure 27 : Barres de défilement d'une fenêtre de groupe

☞ *Dimensionner la fenêtre du gestionnaire de programmes*

En réduisant de la fenêtre d'application, on risque aussi de masquer des icônes ou des fenêtres de groupe. Si tel est le cas, une ou deux barres de défilement apparaissent dans la bordure droite ou inférieure de la fenêtre du gestionnaire de programmes. Vous pouvez vous servir de ces barres pour faire défiler le contenu de la fenêtre du gestionnaire de programmes.

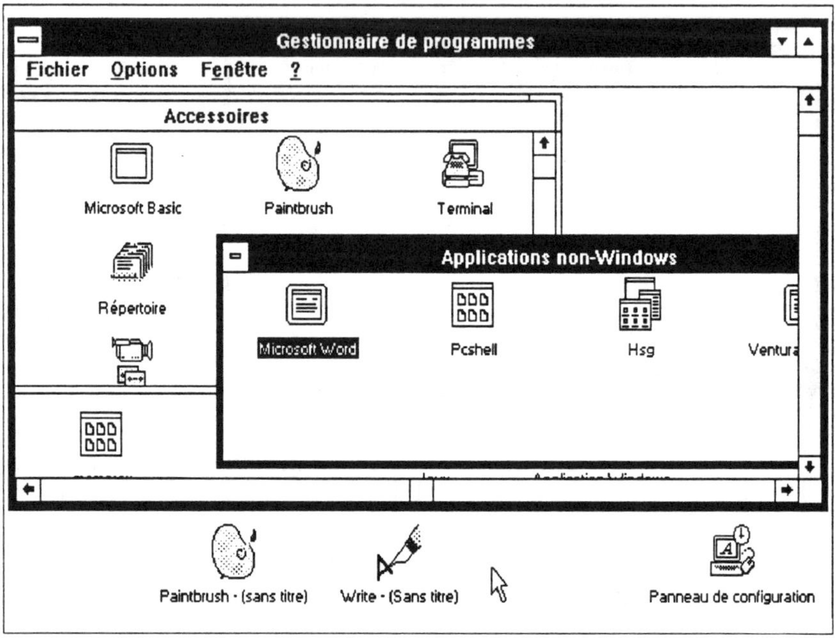

Figure 28 : Barres de défilement de la fenêtre du gestionnaire de programmes

☞ *Travailler avec des fenêtres de groupe cachées*

Si vous avez ouvert plusieurs fenêtres de groupe, il est probable que plusieurs d'entre elles sont entièrement ou partiellement recouvertes par d'autres. Si une fenêtre présente encore une partie visible, il suffit de cliquer dessus pour la ramener au premier plan.

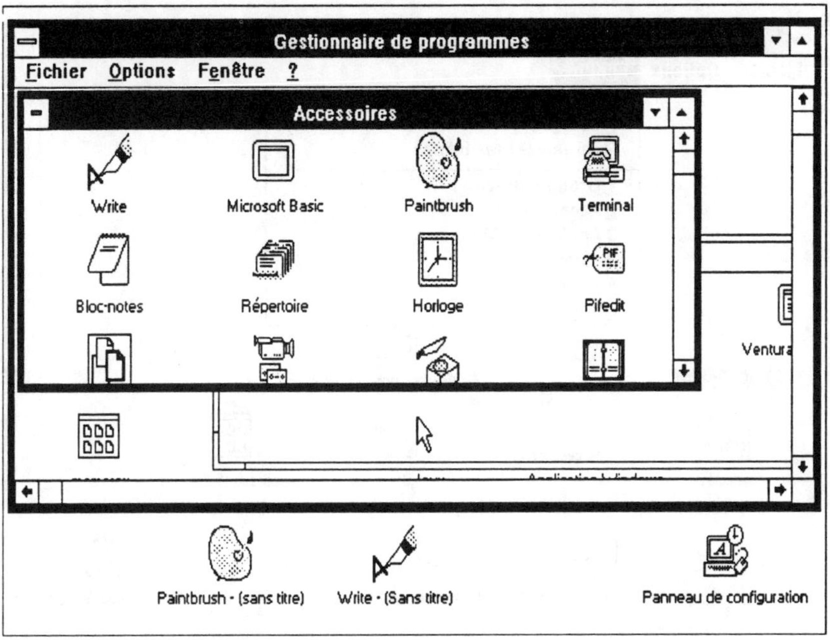

Figure 29 : Fenêtres en recouvrement partiel

Si une fenêtre est complètement dissimulée par d'autres, il existe plusieurs moyens de la rendre à nouveau visible. Vous pouvez réduire en icônes ou déplacer toutes les fenêtres de groupe qui sont disposées par-dessus. Vous pouvez aussi ouvrir le menu "Fenêtre" qui dans sa partie inférieure contient la liste des groupes disponibles. Si vous sélectionnez l'un d'eux, Windows le ramène au premier plan.

NOTE : ☞ Pour passer d'une fenêtre à l'autre sans les manipuler, utilisez CTRL+TAB pour les fenêtres de groupe, et ALT+TAB pour les fenêtres de tâches (ou de programmes).

Si vous travaillez avec dix groupes ou davantage, Windows n'affiche que la liste des neuf premiers. Les autres peuvent être obtenus par la commande "Plusieurs fenêtres" du menu "Fenêtre".

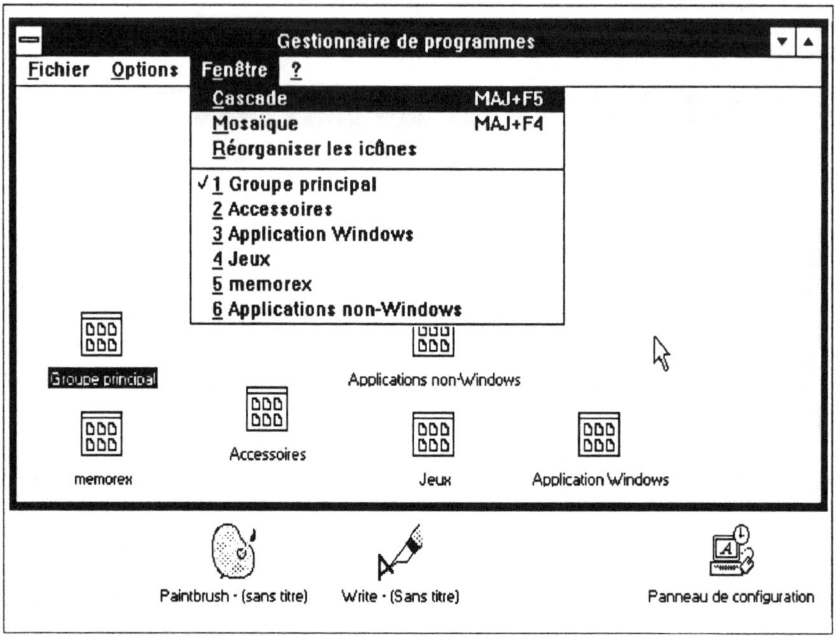

Figure 30 : Sélection d'un groupe avec le menu "Fenêtre"

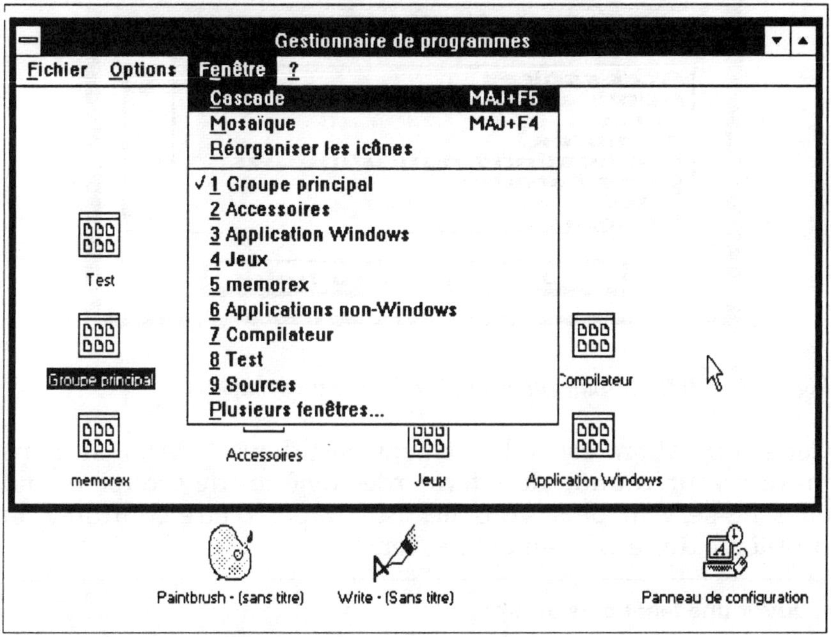

Figure 31 "Plusieurs fenêtres"

Si vous cliquez sur cette commande, une boîte de dialogue intitulée "Sélectionner une fenêtre" apparaît à l'écran. Il s'y trouve une zone de liste avec tous les groupes disponibles. Avec la barre de défilement vous pouvez faire défiler les différents groupes : quand vous avez trouvé celui qui vous convient, cliquez dessus et confirmez par "OK".

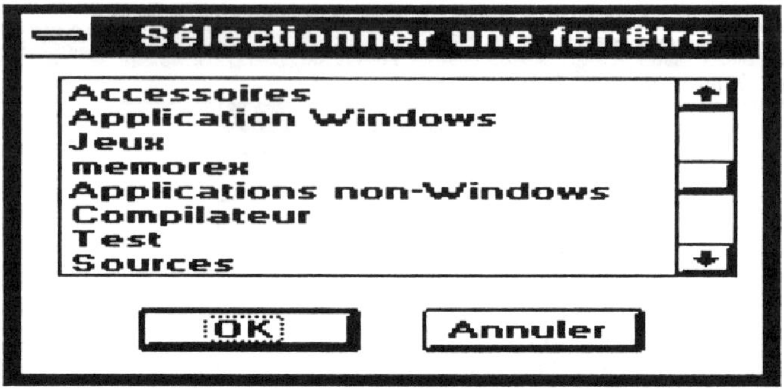

Figure 32 : Boîte de dialogue pour sélectionner un groupe

Cette opération est relativement fastidieuse. Mais si vous prenez la précaution de refermer les fenêtres de groupe quand elles ne servent plus, vous ne risquez pas d'être confronté au problème du recouvrement des fenêtres.

Ouvrir une fenêtre de groupe
Cliquez deux fois sur l'icône du groupe à ouvrir
Sélectionnez une fenêtre dans la partie inférieure du menu "Fenêtre"

Agrandir une fenêtre de groupe	
Activez la fenêtre	La fenêtre doit être active pour que la case d'agrandissement soit accessible
Cliquez sur la case d'agrandissement	

Refermer une fenêtre de groupe (en la réduisant en icône)	
Activez la fenêtre	La fenêtre doit être active pour que la case du menu Système et la case de réduction soient accessibles
Cliquez deux fois sur la case du menu Système de la fenêtre de groupe	
ou cliquer sur la case de réduction en icône	

Restaurer une fenêtre de groupe
Cliquez sur la case de restauration (à droite de la barre de titre)

Lancer une application
Ouvrez la fenêtre de groupe où se trouve l'icône de l'application concernée
Cliquez deux fois sur l'icône d'application

3.2 Gérer ses propres groupes et icônes

☞ *Créer un nouveau groupe*

Windows installe de lui-même trois fenêtres de groupe dans le gestionnaire de programmes. Mais vous pouvez augmenter le nombre de groupes en répartissant différemment les applications ou en enregistrant de nouveaux programmes. Comme vous l'avez sans doute remarqué, le gestionnaire de programmes n'affiche pas toutes les applications disponibles. Avant d'appeler une application par l'intermédiaire du gestionnaire de programmes, il faut l'enregistrer en bonne et due forme.

La première étape consiste à créer un groupe avec sa fenêtre associée. Pour cela sélectionnez l'option "Nouveau" du menu "Fichier". Windows ouvre alors la boîte de dialogue intitulée "Nouveau". Cliquez sur l'option "Groupe de programmes" et confirmez par "OK".

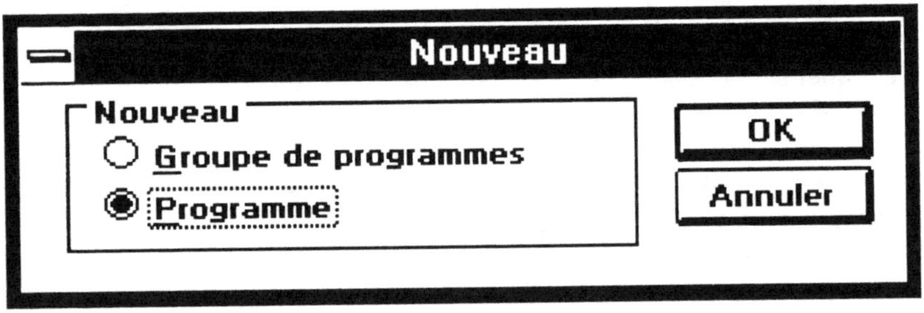

Figure 33 : Voulez-vous créer un nouveau groupe ou rajouter une application à un groupe existant ?

Une nouvelle boîte de dialogue apparaît avec le titre "Propriétés de groupe". La zone "Nom" est destinée à recueillir le nom du groupe. La zone "Fichier de groupe" sert à saisir le nom du fichier destiné à contenir les données décrivant le groupe : choisissez un nom de huit caractères au maximum. Si vous omettez ce nom, Windows prend les huit premiers caractères du nom du groupe. Par défaut le fichier de groupe est enregistré dans le répertoire de Windows, c'est-à-dire en général dans C:\WINDOWS. Mais vous pouvez aussi indiquer un autre chemin d 'accès. L'extension par défaut des fichiers de groupe est ".GRP".

Figure 34 : Propriétés de groupe

Activez la zone "Nom" en cliquant dessus et tapez-y le nom du groupe, par exemple "ESSAI". Puis cliquez sur la deuxième zone et saisissez le nom du fichier qui peut aussi être "ESSAI". Clôturez la saisie en cliquant sur "OK". Dans la fenêtre d'application apparaît une nouvelle fenêtre de groupe vierge.

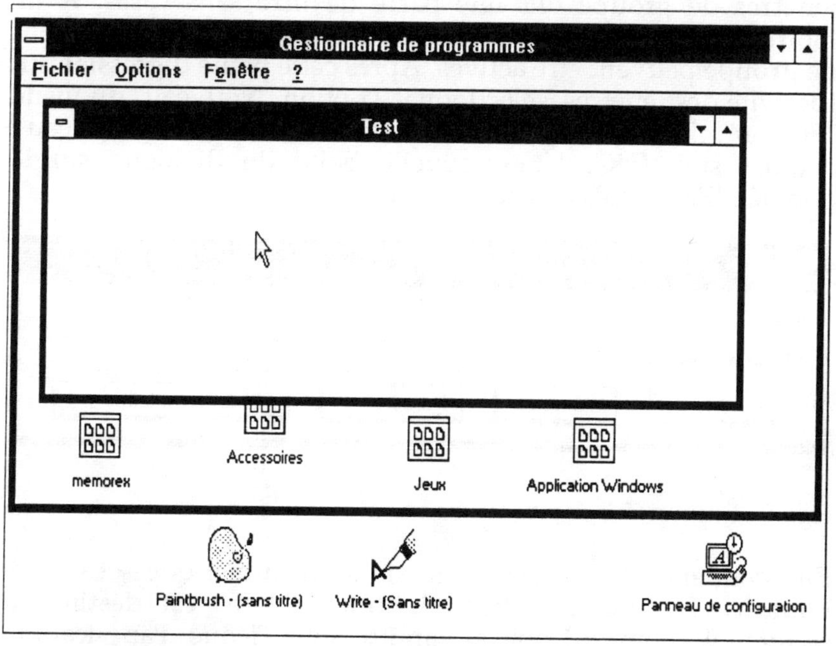

Figure 35 : Nouvelle fenêtre de groupe

☞ *Ajouter une application*

Le groupe doit recevoir une icône d'application. Pour que le gestionnaire de programmes sache dans quel groupe il doit intégrer la nouvelle icône, il faut en principe commencer par activer la fenêtre correspondante. Mais ici, la création du groupe a automatiquement déclenché cette activation, de sorte qu'il n'y a pas à se préoccuper de cette étape.

☞ *Groupe actif*

Pour activer un groupe, il suffit de cliquer n'importe où sur sa fenêtre, de préférence à un endroit qui ne soit ni une case sensible, ni une icône. La fenêtre de groupe active se reconnaît à sa barre de titre munie de la case du menu Système à gauche et des cases d'agrandissement/réduction à droite. Les autres fenêtres de groupe ont une barre de titre sans cases. A un moment donné une seule fenêtre de groupe et une seule icône de groupe peuvent être actives. Après cette petite digression sur l'activité des fenêtres, sélectionnez l'option "Nouveau" du menu "Fichier". Dès qu'apparaît la boîte de dialogue "Nouveau", cliquez sur "OK". Une nouvelle boîte de dialogue surgit, appelée "Propriétés de programme".

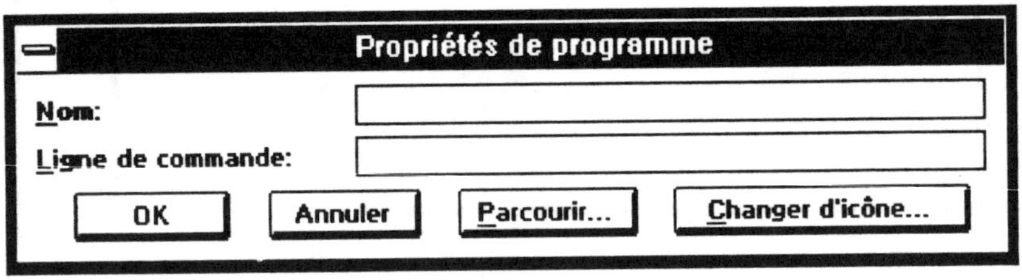

Figure 36 : Propriétés de programme

Elle contient deux zones de saisie alphanumériques et quatre boutons. La première ligne intitulée "Nom" est destinée à recevoir le nom qui doit apparaître sous l'icône d'application. Tapez "Version". Activez ensuite la deuxième zone de saisie en cliquant dessus, tapez "WINVER.EXE" et confirmez en cliquant sur "OK". La fenêtre de groupe contient alors la nouvelle icône. Le programme WINVER.EXE, un utilitaire de Windows tout à fait ignoré et insignifiant, est désormais accessible par le gestionnaire de programmes.

☞ *D'où provient l'icône d'application ?*

Apparemment Windows a installé autoritairement une icône sans vous demander laquelle vous vouliez. En fait la vérité est un peu différente. WINVER.EXE est une application Windows et en tant que telle elle renferme dans son fichier programme une icône qui est reprise.

☞ *Paramètres de la ligne de commande*

La boîte de dialogue "Propriétés de programme" permet aussi d'indiquer la ligne de commande complète du programme. Cette ligne de commande doit correspondre à un appel émis à partir de DOS. Les applications qui se trouvent pas dans le répertoire de Windows et qui ne sont pas dans un répertoire défini dans la variable d'environnement PATH doivent être appelées avec leur chemin d'accès complet. Comme WINVER.EXE se trouve dans le répertoire de Windows, vous auriez pu écrire dans la zone "Ligne de commande" : C:\WINDOWS\WINVER.EXE, mais ici la donnée du chemin d'accès n'est pas indispensable. A la suite du chemin d'accès et du nom du programme, vous pouvez indiquer des paramètres destinés à l'application. Créez par exemple une nouvelle icône d'application avec

Nom : Aide sur le gestionnaire de programmes

Ligne de commande :

```
WINHELP.EXE PROGMAN.HLP
```

Une fois que l'icône a été créée, cliquez deux fois dessus. Windows charge alors WINHELP.EXE (le programme d'aide de Windows) avec le paramètre PROGMAN.HLP, qui est le nom du fichier d'aide utilisé. Pour refermer l'application, cliquez deux fois sur la case du menu Système.

☞ *Rechercher un programme*

Si vous avez oublié le nom d'un programme ou du répertoire où il est rangé, vous pouvez lancer une recherche en actionnant le bouton "Parcourir" de la boîte "Propriétés de programme". Il apparaît une boîte de sélection de fichier :

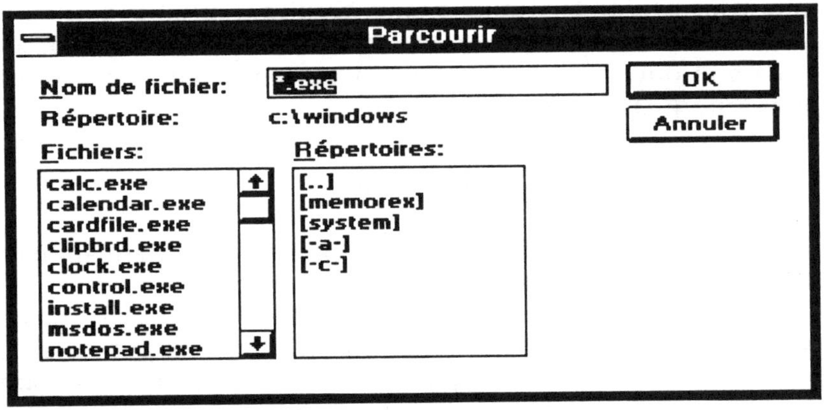

Figure 37 : Recherche d'un programme

Si vous clôturez cette boîte par OK, Windows reprend le fichier sélectionné en le reportant avec son chemin d'accès complet dans la zone "Ligne de commande" de la boîte "Propriétés de programme". Si vous n'êtes pas familiarisé avec l'usage des chemins d'accès, vous avez là un moyen simple de désigner votre programme sans taper son nom.

☞ *Insertion d'un fichier de groupe prêt à l'emploi*

Certaines applications Windows sont livrées avec un fichier ".GRP" prêt à être incorporé tel quel au gestionnaire de programmes. Pour procéder à l'installation, sélectionnez d'abord l'option "Nouveau" du menu "Fichier", cliquez sur "Groupe de programmes" et "OK". Dans la boîte de dialogue "Propriétés de groupe" cliquez sur la zone "Fichier de groupe" et indiquez le nom du fichier de groupe qui a été copié sur le disque dur, avec le cas échéant son chemin d'accès. Vous n'avez pas besoin de remplir la zone "Nom" car Windows extrait une chaîne de caractères appropriée du fichier de groupe préconstitué. Pour terminer l'opération cliquez sur OK.

☞ *Modification a posteriori des données associées à une icône d'application*

Pour changer le nom, la ligne de commande ou le dessin d'une icône, vous devez l'activer (en cliquant dessus) et appeler ensuite l'option "Propriétés" du menu "Fichier". Windows affiche alors une nouvelle fois la boîte de dialogue "Propriétés de programme" dont vous pouvez changer le contenu des zones.

☞ *Changer le nom d'une fenêtre de groupe*

Le nom d'une fenêtre de groupe n'est pas aussi facile à changer que celui d'une icône d'application. Mais une fois que vous connaissez la méthode, le changement ne pose aucun problème. Commencez par réduire la fenêtre de groupe à l'état d'icône. Ce n'est que lorsque le groupe se présente sous cette forme que son nom peut être modifié. Cliquez alors sur l'icône de groupe et appelez l'option "Propriétés" du menu "Fichier". Windows affiche alors la boîte de dialogue "Propriétés de groupe".

Créer un nouveau groupe	
Sélectionnez l'option "Nouveau" du menu"Fichier"	Vous "Fichier"informez ainsi Windows de votre intention de créer une nouvelle fenêtre de groupe
{Groupe de programmes}	Indiquez le nom de la fenêtre de groupe
{OK}	pour générer le nouveau groupe
Pour donner un nom au fichier de groupe, cliquez sur la zone {Fichier de groupe} et tapez le nom désiré.	
{OK}	pour installer définitivement le nouveau groupe

Ajouter une application	
Activez la fenêtre de groupe qui doit recevoir l'icône d'application	Windows doit connaître le groupe où vous voulez installer l'application
Sélectionnez l'option "Nouveau" du menu "Fichier"	Vous informez ainsi Windows de votre intention de créer un nouveau groupe ou une nouvelle icône d'application
{Programme}	pour créer une nouvelle icône d'application
Tapez le nom qui doit apparaître sous l'icône	
Cliquez sur la zone "Ligne de commande" et indiquez la ligne de commande servant à déclencher l'application sous DOS	

ou Déclenchez {Parcourir}. Windows écrit alors automatiquement le chemin d'accès à l'application.	
{OK}	pour installer définitivement la nouvelle icône d'application

Insérer un fichier de groupe prêt à l'emploi	
Sélectionnez l'option "Nouveau" du menu "Fichier"	
{Groupe de programmes} **{OK}**	Pour permettre l'insertion d'un nouveau groupe
Indiquez le nom (et le cas échéant le chemin d'accès) du fichier de groupe à insérer	
{OK}	pour insérer effectivement le fichier de groupe indiqué

Modifier le nom et la ligne de commande d'une icône d'application	
Activez l'icône en cliquant dessus	
Sélectionnez l'option "Propriétés" du menu "fichier"	pour accéder aux données de l'objet actif
Cliquez sur **{Nom}** pour modifier le nom de l'icône et taper ensuite le nouveau nom	

Cliquez sur **{Ligne de commande}** pour modifier la ligne de commande et tapez ensuite la nouvelle ligne de commande	
{OK}	pour valider les changements.

Changer le nom d'une fenêtre de groupe	
Activez la fenêtre concernée	pour faire apparaître sa case de réduction
Cliquez la case de réduction (qui se trouve dans la barre de titre de la fenêtre de groupe et porte une flèche orientée vers le bas).	Le nom d'une fenêtre de groupe ne peut être modifié que s'il est vide ou si le groupe est réduit à l'état d'icône
Activez l'icône de groupe en cliquant dessus	
Déclenchez l'option "Propriétés" du menu "Fichier"	
Tapez le nouveau nom du groupe	
{OK}	pour valider la modification

3.3 Un peu d'organisation

☞ *Ordre des groupes d'applications*

Si vous déplacez les icônes d'application avec la souris, vous aurez du mal à les aligner proprement. Mais Windows peut prendre en charge cette tâche : il suffit d'appeler la commande "Réorganiser les icônes" du menu "Fenêtre"

☞ *Ranger les fenêtres de groupe dans la fenêtre d'application*

Tout comme la liste des tâches du bureau, le gestionnaire de programmes peut réorganiser les fenêtres qui lui sont subordonnées, c'est-à-dire les fenêtres de groupe. Les commandes appropriées sont constituées par les options "Cascade" et "Mosaïque" du menu "Fichier". Seuls sont affectés les groupes d'application ouverts : les groupes représentés par des icônes d'application sont ignorés.

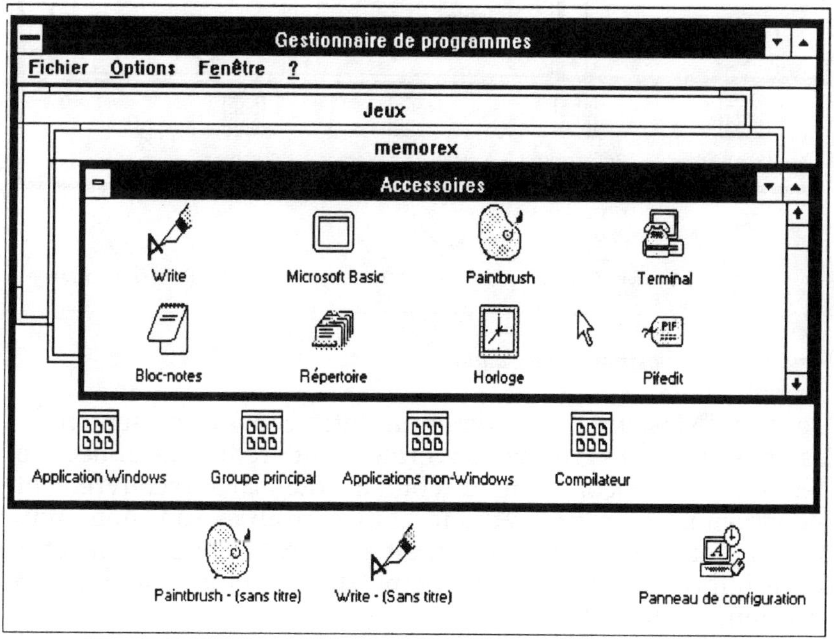

Figure 38 : Disposition en cascade

L'option "Cascade" permet de donner la même taille à toutes les fenêtres en provoquant leur recouvrement partiel. Inconvénient de la méthode : S'il y a beaucoup de fenêtres de groupe ouvertes, certaines risquent de disparaître complètement dans la pile. Avantage : Toutes les fenêtres de groupe ont une taille raisonnable si les dimensions de la fenêtre d'application le permettent.

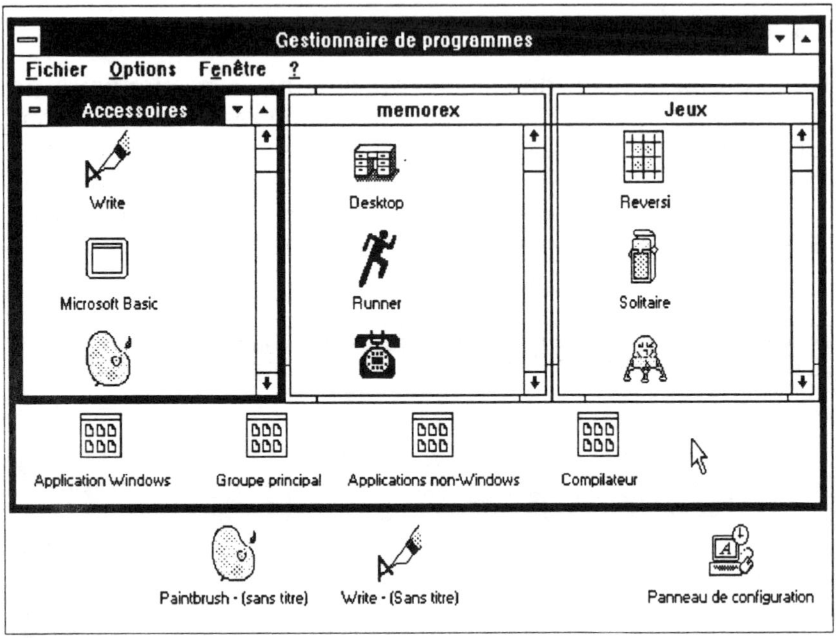

Figure 39 : Disposition en mosaïque.

L'option "Mosaïque" provoque un autre type de présentation : les fenêtres de groupe ouvertes sont redimensionnées et déplacées de façon à tenir côte à côte sans recouvrement. Inconvénient de cette méthode : Si les groupes sont nombreux ou si la fenêtre d'application n'est pas très grande, les fenêtres de groupes rapetissent au point de ne plus pouvoir être directement utilisables.

Ranger les icônes de groupe	
Activez une icône de groupe quelconque	pour que Windows n'effectue pas la réorganisation dans la fenêtre de groupe active
Sélectionnez la commande "Réorganiser les icônes" du menu "Fenêtre".	Windows aligne les icônes.

Ranger les fenêtres de groupe en cascade	
Sélectionnez l'option "Cascade" du menu "Fenêtre".	Windows range toutes les fenêtres de groupe ouvertes en les empilant à l'intérieur de la fenêtre d'application.

Ranger les icônes d'application dans une fenêtre de groupe	
Activez la fenêtre de groupe concernée	
Déclenchez la commande "Réorganiser les icônes" du menu "Fenêtre".	Windows effectue aussitôt le rangement des icônes.

Ranger les fenêtres de groupe en mosaïque	
Sélectionnez l'option "Mosaïque" du menu "Fenêtre"	Windows range les fenêtres de groupe ouvertes en les disposant côte à côte sans recouvrement.

☞ *Rangement automatique des icônes d'application*

Lorsque vous modifiez la taille d'une fenêtre de groupe, demandez un affichage plein écran ou rétablissez l'affichage normal, il peut être nécessaire de procéder à une réorganisation des icônes d'application disponibles. L'espace libre doit être exploité judicieusement : par exemple s'il reste de la place à droite de la fenêtre, il n'est pas question que des icônes disparaissent sous le bord inférieur de la partie visible. Pour obtenir ce résultat, il serait fastidieux de déclencher à chaque fois l'option de réorganisation vue précédemment. Windows vous propose donc de sélectionner dans le menu "Options" la commande "Réorganisation automatique". Lorsque cette commande est activée et se trouve cochée, chaque modification d'une fenêtre de groupe entraîne un nouveau calcul de la disposition des icônes d'application.

☞ *Réduction du gestionnaire de programmes à l'appel d'une application*

Lorsque l'option "Réduire en cours d'utilisation" du menu "Options" est activée (cochée), Windows transforme la fenêtre du gestionnaire de programmes en une icône chaque fois qu'une application est déclenchée à partir du gestionnaire de programmes. Ainsi, lorsqu'il se trouve déjà plusieurs fenêtres sur le bureau, il ne sera pas nécessaire de gérer en plus celle du gestionnaire de programmes. Mais l'inconvénient de ce procédé est de devoir restaurer la taille initiale de la fenêtre du gestionnaire de programmes lorsque l'application déclenchée est terminée.

Ranger automatiquement les icônes d'application	
Si la commande "Réorganisation automatique" du menu "Options" est enclenchée, Windows refait le rangement des icônes d'application chaque fois que la taille de la fenêtre de groupe est modifiée.	Si cette commande n'est pas activée, les icônes conservent leurs positions.

Réduire la fenêtre du gestionnaire de programmes à l'appel d'une application	
Si la commande "Réduire en cours d'utilisation" du menu "Options" est enclenchée (c'est-à-dire cochée), Windows refait le rangement des icônes d'application chaque fois que la taille de la fenêtre de groupe est modifiée.	Si cette commande n'est pas activée, la fenêtre du gestionnaire de programmes reste telle quelle.

4 Le gestionnaire de fichiers

☞ *Lancer le gestionnaire de fichiers*

Cliquez sur l'icône "Gestionnaire de fichiers" du "Groupe principal" du gestionnaire de programmes. Après un bref délai de chargement, vous voyez apparaître la fenêtre d'application du gestionnaire de fichiers. Il s'agit également d'une application MDI (Multi Document Interface) capable d'afficher et de gérer plusieurs fenêtres de document à l'intérieur de la fenêtre d'application. Au bord inférieur de la fenêtre se trouve une ligne d'état qui donne diverses informations courantes.

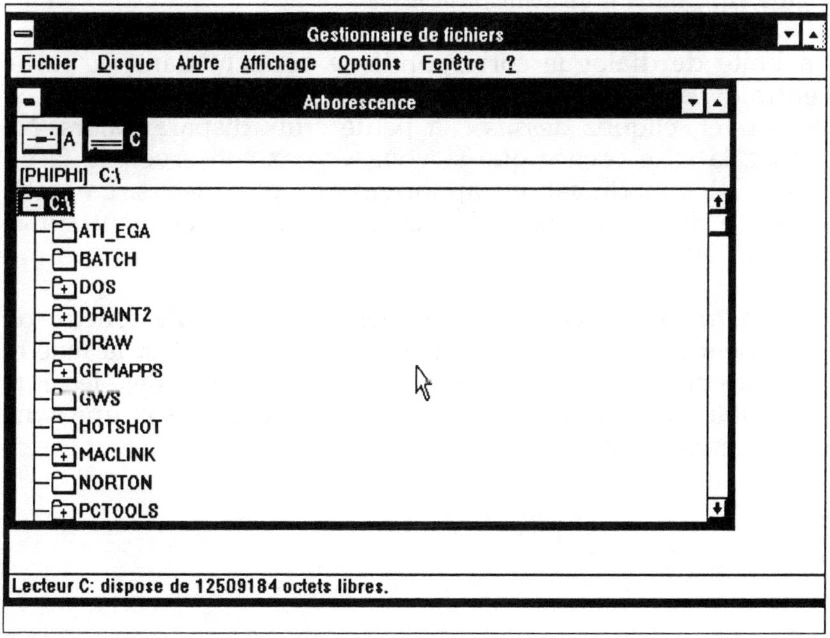

Figure 40 : Le gestionnaire de fichiers

☞ *Quitter le gestionnaire de fichiers*

Pour sortir du gestionnaire de fichiers, il suffit de cliquer deux fois sur la case du menu Système de la fenêtre. Une demande de confirmation apparaît aussitôt :

Figure 41 : Quitter le gestionnaire de fichiers

La boîte de dialogue correspondante contient dans sa partie centrale la case "Enregistrer la configuration". Pour la désactiver, cliquez dessus : la petite croix disparaît alors. Ne laissez la case cochée que si vous voulez conserver de façon durable les modifications apportées aux paramètres. La sortie effective du gestionnaire de fichiers se fait en cliquant sur le bouton "OK".

La fenêtre d'application ne contient qu'une seule fenêtre de document intitulée "Arborescence" : cette fenêtre est la fenêtre d'arborescence. Elle comporte les désignations des lecteurs accessibles, une ligne indiquant un chemin d'accès et une zone de représentation graphique de l'arborescence.

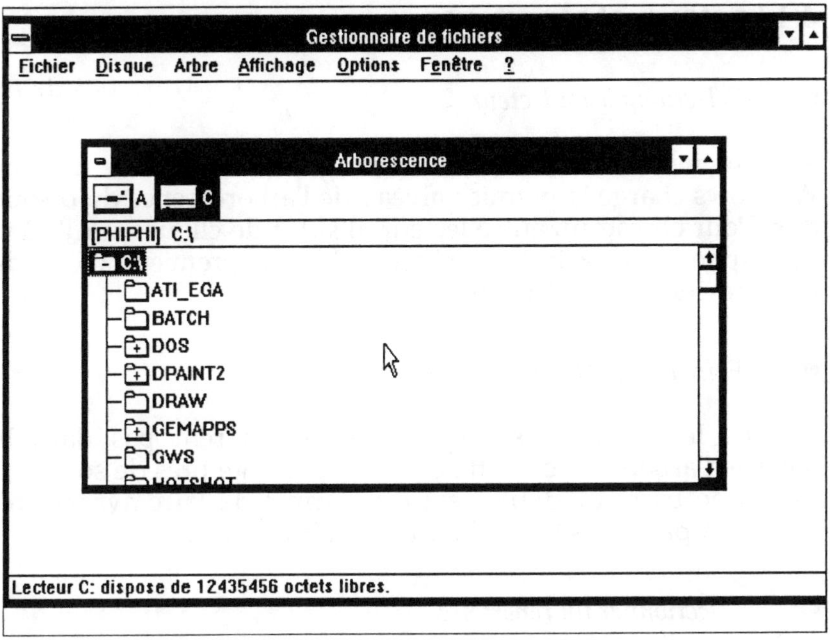

Figure 42 : La fenêtre d'arborescence

☞ *Types de fenêtres*

Le gestionnaire de programmes ne connaissait qu'un seul type de fenêtre de document : la fenêtre de groupe. Le gestionnaire de fichiers possède à la fois la fenêtre d'arborescence (qui est unique) et des fenêtres de répertoire qui affichent le contenu d'un répertoire donné. A vrai dire il existe encore d'autres fenêtres de document générées par certaines commandes spéciales. Par exemple la commande qui permet de rechercher des fichiers sur le disque dur ouvre une fenêtre qui conserve les noms des fichiers trouvés.

4.1 Lecteurs et répertoires

☞ *Sélectionner un lecteur*

Au moment du lancement du gestionnaire de fichiers, Windows charge le premier niveau de l'arborescence du disque dur. Pour choisir un autre lecteur, il suffit de cliquer sur l'icône correspondante. Windows charge alors le premier niveau de l'arborescence de ce lecteur.

☞ *Faire défiler la liste des répertoires*

Si tous les répertoires disponibles ne rentrent pas dans la fenêtre d'arborescence, cette dernière présente près de son bord droit une barre de défilement qui permet de faire avancer ou reculer la partie visible de la liste des répertoires.

☞ *Sélectionner un répertoire*

Pour appliquer une commande à un répertoire donné, il faut d'abord désigner, c'est-à-dire sélectionner, le répertoire concerné. Il suffit pour cela de cliquer sur le nom du répertoire. Mais attention : ne cliquez pas sur l'icône (dite icône de répertoire) qui se trouve devant le nom du répertoire. Cette icône sert en effet à régler la profondeur du développement de l'arborescence.

☞ *Développer un répertoire*

Si vous avez entre-temps sélectionné un autre lecteur, revenez maintenant au disque dur. Windows affiche le premier niveau de l'arborescence des répertoires. Les sous-répertoires intégrés dans des répertoires n'apparaissent pas. En procédant ainsi, le logiciel gagne du temps car la lecture complète de toutes les entrées de répertoire peut être relativement longue sans être utile. L'icône de répertoire qui introduit chaque répertoire peut se présenter sous trois formes : l'une avec le signe "+", une autre avec le signe "-" et la dernière sans symbole.

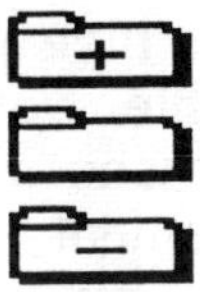

Figure 43 : Différents types d'icônes de répertoires

Le signe "+" signifie que le répertoire en question contient des sous-répertoires. Pour les afficher, cliquez sur l'icône munie du signe "+". La structure des sous-répertoires est insérée, cependant que l'icône cliquée reçoit le signe "-". Si vous cliquez dessus, les sous-répertoires disparaissent à nouveau. Un clic sur une icône "+" permet de développer un niveau de répertoire, tandis qu'un clic sur une icône "-" provoque une réduction de niveau. Les répertoires dépourvus de signe "+" ou "-" ne possèdent pas de sous-répertoires.

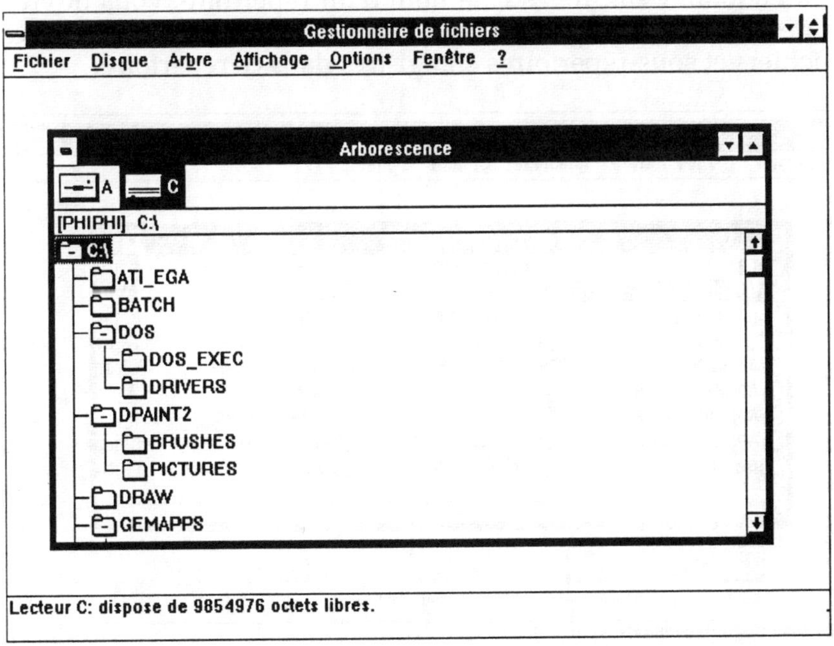

Figure 44 : Développement d'un répertoire

Un répertoire affecté du signe "+" a souvent plusieurs niveaux de sous-répertoires. Pour les charger tous ensemble, vous pouvez appeler la commande "Développer une branche" du menu "Arbre" après avoir sélectionné préalablement le répertoire en cliquant sur son nom. Ne cliquez pas sur son icône, sans quoi vous développeriez immédiatement le premier sous-niveau du répertoire.

☞ *Développer complètement l'arborescence*

Pour afficher la totalité des répertoires et sous-répertoires du lecteur sélectionné, il suffit de faire appel à la commande "Développer tout" du menu "Arbre".

☞ *Afficher le contenu des répertoires*

En cliquant deux fois sur le nom d'un répertoire, vous ouvrez une fenêtre de répertoire qui contient les noms de tous les fichiers et sous-répertoires enregistrés dans ce répertoire.

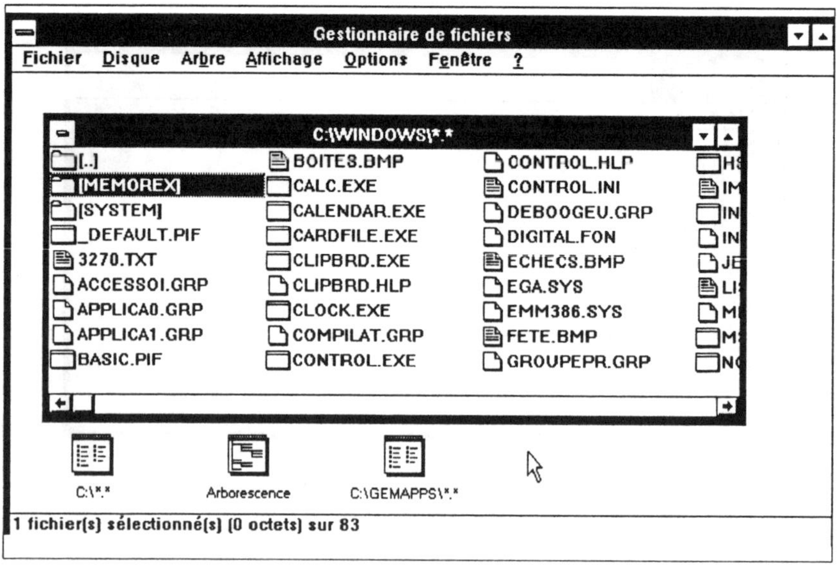

Figure 45 : Fenêtre de répertoire

☞ *Fenêtre active*

A un moment donné, une seule fenêtre de document présente une case du menu Système et des cases d'agrandissement/réduction. Les autres fenêtres n'ont pas de telles cases dans leur barre de titre. La fenêtre qui possède des cases de commande est la fenêtre de répertoire active. Les commandes du gestionnaire de fichiers agissent sur la fenêtre de répertoire active ou sur les objets sélectionnés dans cette fenêtre. Pour changer de fenêtre de répertoire active, il suffit cliquer sur la fenêtre désirée qui est ramenée au premier plan. La méthode est la même que pour les fenêtres de groupe du gestionnaire de programmes ou les fenêtres d'application du "bureau" de Windows.

☞ *Fermer une fenêtre de document*

Pour fermer une fenêtre de répertoire, cliquez simplement deux fois sur la case de son menu Système. La fenêtre d'arborescence ne peut pas être fermée mais elle peut être réduite en icône.

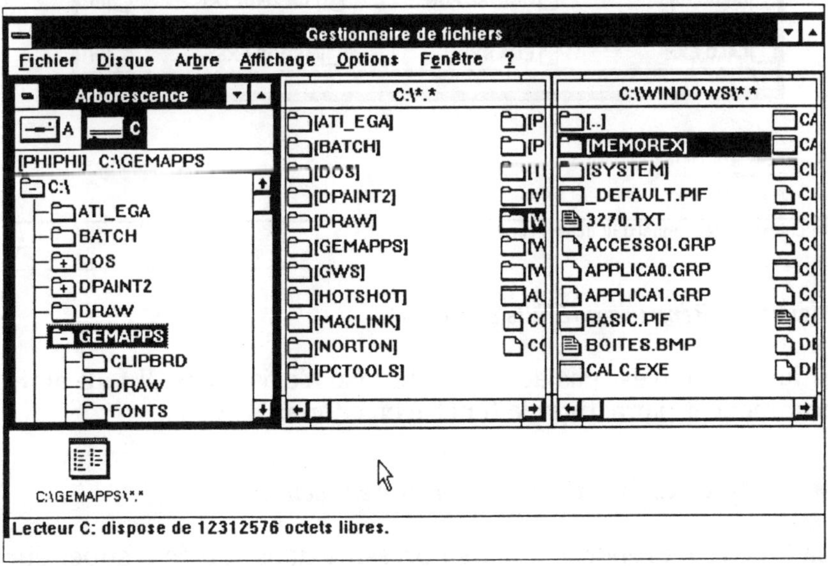

Figure 46 : Fenêtre active et fenêtres inactives

☞ *Réduire en icône une fenêtre de document*

Si vous ouvrez plus de trois fenêtres de répertoire, vous constaterez que le gestionnaire de fichiers présente très vite un aspect trop dense. Si vous voulez conservez les fenêtres de répertoire, vous pouvez les réduire en icônes pour préserver un minimum de clarté de l'écran. Il suffit pour cela de cliquer sur la case située à droite de la barre de titre et qui porte une flèche orientée vers le bas.

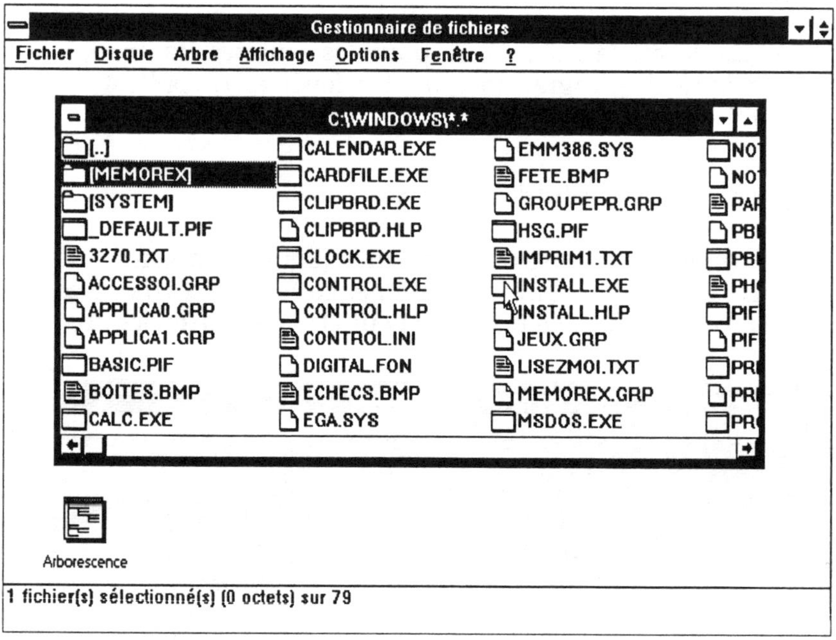

Figure 47 : Répertoires réduits en icônes

Si la fenêtre n'est pas active, cette case n'existe pas. Il faut alors commencer par activer la fenêtre en cliquant dessus.

☞ *Agrandir la fenêtre de répertoire en plein écran*

La fenêtre de répertoire active présente dans son coin supérieur droit une case portant une flèche orientée vers le haut. Si vous cliquez dessus, la fenêtre de document est agrandie aux dimensions de la fenêtre d'application. Dans la barre de menus se trouvent, à droite, la case du menu Système et à gauche la case de restauration des dimensions initiales.

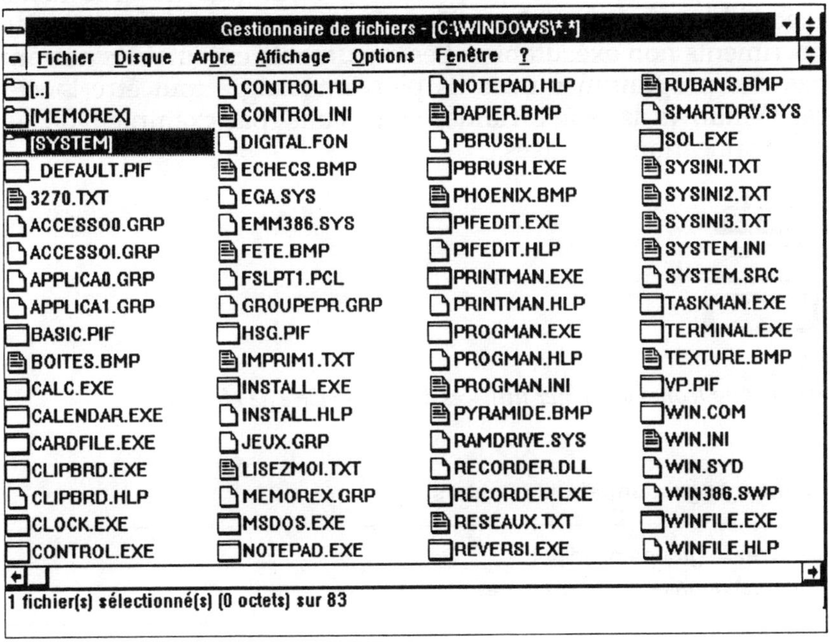

Figure 48 : Agrandissement plein écran d'une fenêtre de document

☞ *Lancer une application*

Une fois que vous avez affiché le contenu d'un répertoire dans sa fenêtre, vous pouvez lancer chaque programme présent en cliquant deux fois sur son nom.

☞ *Icônes de fichier*

Dans la fenêtre de répertoire chaque nom de fichier est introduit par une icône qui permet de distinguer les documents exécutables (susceptibles d'être lancés par double clic) des documents non exécutables. Les documents exécutables ne sont pas des programmes mais ils peuvent malgré tout être lancés car Windows associe certaines extensions (par exemple DOC) à des applications données.

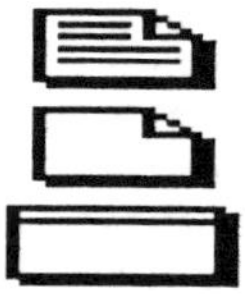

Figure 49 : Icônes de fichier utilisées dans la fenêtre de répertoire

Lancer le gestionnaire de fichiers
Ouvrez le groupe principal du gestionnaire de programmes
Cliquez deux fois sur l'icône "Gestionnaire de fichiers"

Quitter le gestionnaire de fichiers
Cliquez deux fois sur la case du menu Système de la fenêtre d'application du gestionnaire de fichiers
Si l'option **{Enregistrer la configuration}** est enclenchée, cliquez pour la désactiver et éviter d'enregistrer les modifications des paramètres

Sélectionner un lecteur
Cliquez sur l'une des icônes représentant les lecteurs dans la fenêtre d'arborescence

Sélectionner un répertoire
Activez la fenêtre d'arborescence
Cliquez sur le répertoire désiré

Développer un niveau d'un répertoire
Sélectionnez le répertoire concerné dans la fenêtre d'arborescence
Appelez la commande "Développer un niveau" du menu "Arbre"
ou Cliquez sur l'icône munie du signe "+" qui introduit le nom du répertoire

Développer tous les niveaux d'un répertoire
Sélectionnez le répertoire concerné dans la fenêtre d'arborescence
Appelez la commande "Développer une branche" du menu "Arbre"

Réduire les sous-répertoires
Sélectionnez le répertoire concerné dans la fenêtre d'arborescence
Appelez la commande "Réduire une branche" du menu "Arbre"
ou Cliquez sur l'icône munie du signe "-" qui introduit le nom du répertoire

Afficher l'arborescence complète du disque ou de la disquette
Appelez la commande "Développer tout" du menu "Arbre"

Ouvrir une fenêtre de répertoire
Cliquez deux fois sur le nom d'un répertoire dans la fenêtre d'arborescence
ou Cliquez deux fois sur le nom d'un répertoire dans une fenêtre de répertoire déjà ouverte

Fermer une fenêtre de répertoire	
Activez la fenêtre	La fenêtre doit être active sinon la case du menu Système n'y est pas visible
Cliquez deux fois sur la case du menu Système de la fenêtre	

Agrandir en plein écran une fenêtre de répertoire	
Activez la fenêtre	La fenêtre doit être active sinon la case d'agrandissement n'y est pas visible
Cliquez sur la case d'agrandissement	

Rétablir la taille initiale d'une fenêtre de répertoire
Cliquez deux fois sur la case munie de deux flèches dans la barre de titre de la fenêtre

Lancer une application
Ouvrez la fenêtre de répertoire où se trouve le programme ou un document exécutable associé
Cliquez deux fois sur le nom du programme ou du document exécutable.

4.2 Travailler avec les fichiers et les répertoires

☞ *Changer le nom d'un fichier*

Sélectionnez d'abord un fichier en cliquant dessus, puis appelez la commande "Renommer" du menu "Fichier". Dans la boîte de dialogue intitulée "Renommer" indiquez le nouveau nom et validez-le en cliquant sur "Renommer". Si tout compte fait vous décidez de ne pas toucher au nom, cliquez sur "Annuler".

☞ *Utilisation d'un joker*

Vous connaissez sans doute les jokers de MS-DOS ("*" et "?") qui vous permettent de désigner un ensemble de fichiers dont les noms ont des caractères en commun. Sous MS-DOS vous pouviez par exemple renommer tous les fichiers d'extension ".XYZ" en leur donnant l'extension ".123" au moyen de la commande : "REN *.XYZ *.123 [ENTREE]"

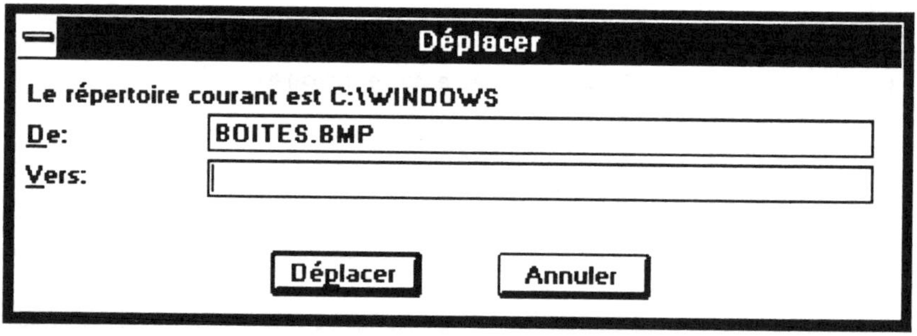

Figure 50 : Changer le nom d'un fichier

Avec le gestionnaire de fichiers, vous pouvez obtenir le même résultat. Appelez la commande "Renommer" du menu "Fichier", activez la zone "De" en cliquant dessus et tapez le masque des fichiers à traiter (dans notre exemple "*.XYZ". Activez ensuite la zone "Vers" en cliquant dessus et tapez le masque décrivant les nouveaux noms de fichiers (soit ici : "*.123"). Pour valider, cliquez sur "Renommer". Windows renomme aussitôt tous les fichiers qui correspondent au masque indiqué.

☞ *Changer le nom d'un répertoire*

Tout comme les noms des fichiers, les noms des répertoires peuvent être modifiés. Commencez par sélectionner le répertoire à renommer soit dans une fenêtre de répertoire soit dans la fenêtre d'arborescence. Puis déclenchez la commande "Renommer" du menu "Fichier".

☞ *Copier des fichiers*

Nous allons d'abord étudier comment on copie un fichier isolé. Il faut d'abord sélectionner le fichier en question dans une fenêtre de répertoire. Appelez ensuite la commande "Copier" du menu "Fichier". Windows affiche alors la boîte de dialogue intitulée "Copier". Introduisez alors le nouveau nom du fichier et cliquez sur "Copier". Si en fin de compte vous ne souhaitez pas faire la copie, cliquez sur "Annuler". En saisissant le nom du fichier destination, vous êtes libres d'employer tous les formats autorisés par DOS.

Vous pouvez dupliquer un fichier dans le même répertoire en indiquant simplement un autre nom. Vous pouvez aussi faire une copie dans un autre répertoire en indiquant uniquement le chemin d'accès ou le nom complet avec le chemin d'accès.

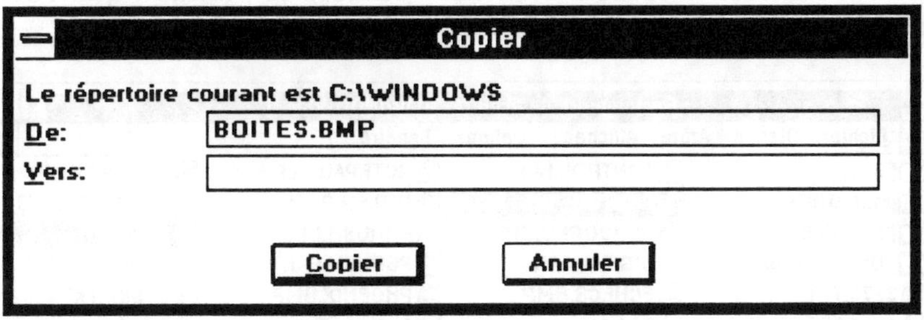

Figure 51 : La boîte de dialogue "Copier"

Il est également possible de copier un ensemble de fichier désigné par joker. Dans la boîte de dialogue "Copier" de la commande "Copier" du menu "Fichier", activez la zone "De" en cliquant dessus, introduisez le masque des fichiers à copier (par exemple "*.TXT"), activez ensuite la zone "Vers" et tapez le masque ou le répertoire de destination. A titre d'exemple, vous pourriez prendre comme masque de destination : "*.BAK", ou comme répertoire de destination "C:\TEMP", ou encore utiliser la combinaison ":\TEMP*.BAK".

☞ *Sélectionner plusieurs fichiers.*

Si un ensemble de fichiers ne peut pas être décrit par un masque commun, il est excessivement fastidieux de copier les fichiers un à un. Heureusement une telle opération n'est pas inévitable car le gestionnaire de fichiers permet de sélectionner un ensemble de fichiers quelconque pour les soumettre par exemple à la commande de copie. Le premier des fichiers est à sélectionner de la manière habituelle, par simple clic. Pour sélectionner un fichier supplémentaire sans que le précédent soit désélectionné, il faut appuyer sur la touche [CONTROLE] pendant qu'on clique dessus. Vous allez donc procéder ainsi : avant d'actionner le bouton de la souris, appuyez sur la touche [CONTROLE] et maintenez-la enfoncée. Puis cliquez et après avoir lâché le bouton de la souris, relâchez également la touche [CONTROLE]. Pour ajouter plusieurs fichiers à une sélection, vous pouvez laisser la touche [CONTROLE] enfoncée pendant que vous cliquez successivement sur chacun d'eux.

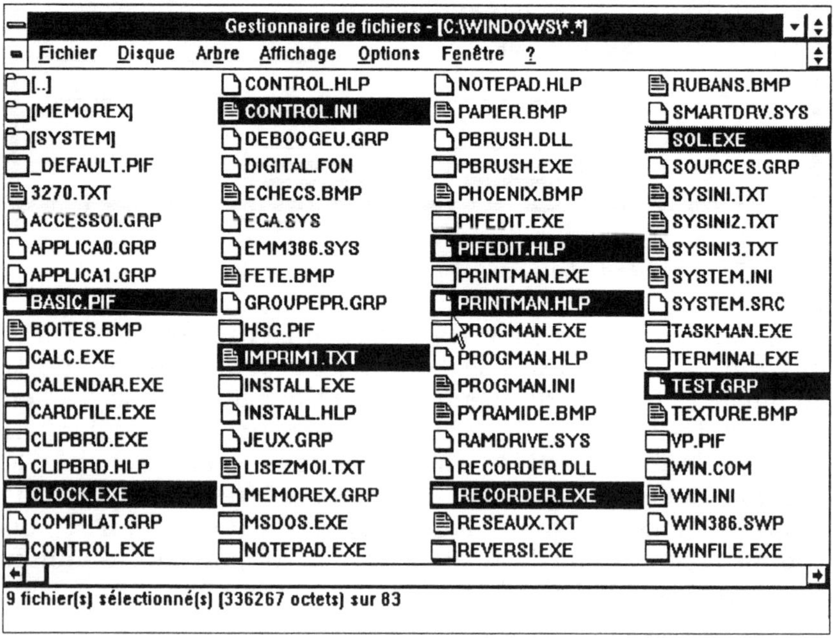

Figure 52 : Sélection d'un ensemble de fichiers

Une fois que vous avez sélectionné tous les fichiers à dupliquer, appelez la commande "Copier" du menu "Fichier". Dans la zone de texte "De", le gestionnaire de fichiers a écrit tous les noms des fichiers sélectionnés, séparés par des espaces. Dans la zone introduite par "Vers" vous devez reporter un chemin d'accès à un répertoire (par exemple C:\TEMP), après quoi vous lancerez la copie en cliquant sur "Copier".

☞ *Supprimer un fichier*

Pour effacer un fichier dont vous n'avez plus besoin, sélectionnez-le en cliquant dessus puis déclenchez la commande "Supprimer" du menu "Fichier". Aussitôt apparaît la boîte de dialogue "Supprimer". Elle contient le nom du fichier à supprimer :

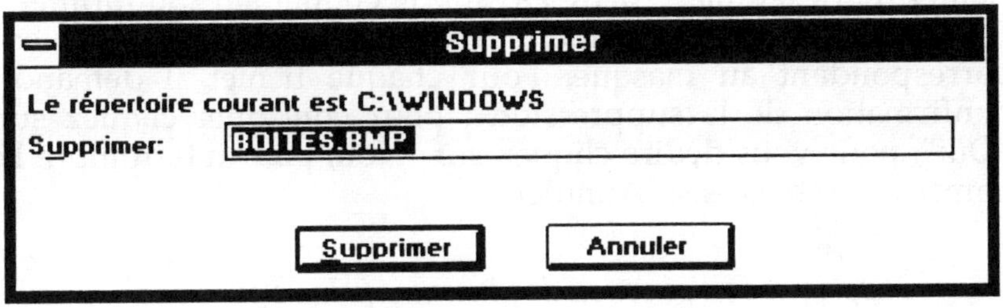

Figure 53 : Suppression d'un fichier

Si en fin de compte vous décidez de conserver le fichier, cliquez sur "Annuler". Un clic sur "Supprimer" sert au contraire à valider votre demande de suppression. Mais en raison de la gravité de l'opération, le logiciel vous demande de confirmer une deuxième fois vos intentions. Cliquez sur "Oui" pour procéder effectivement à la suppression. Pour l'éviter au dernier moment, cliquez sur "Non".

Figure 54 : Confirmation d'une suppression de fichier

☞ *Supprimer un ensemble de fichiers au moyen d'un joker*

Si dans la zone de texte "Supprimer" vous écrivez un masque de fichier (par exemple "*.BAK") avant de cliquer sur "Supprimer", le gestionnaire de fichiers recherche tous les fichiers correspondant au masque. Pour chaque fichier il demande confirmation de la suppression : pour confirmer cliquez sur "Oui", pour vous dédire cliquez sur "Non, pour interrompre la commande choisissez "Annuler".

☞ *Supprimer une sélection de plusieurs fichiers*

Si les fichiers à supprimer n'ont pas de masque commun, vous devez les sélectionner un à un. Utilisez pour cela la même méthode que pour la copie. Puis appelez la commande "Supprimer" du menu "Fichier" et validez-la en cliquant sur "Supprimer". Pour chaque fichier, Windows repose la question de savoir s'il doit effectivement être effacé ("Oui") ou non ("Non"). SI vous cliquez sur "Annuler", Windows ignore les fichiers qui n'ont pas encore été traités et revient à la fenêtre principale.

☞ *Supprimer un répertoire*

Sélectionnez d'abord un répertoire dans la fenêtre d'arborescence ou dans l'une des fenêtres de répertoire. Déclenchez ensuite la commande "Supprimer" du menu

"Fichier". Après confirmation explicite de votre part, Windows efface le répertoire. Si le répertoire en question contient encore des fichiers ou des sous-répertoires, vous devez également confirmer leur suppression.

☞ *Déplacer un fichier*

Déplacer un fichier revient à le copier dans un autre répertoire et à le supprimer dans son répertoire d'origine. Le gestionnaire de fichiers vous permet de réaliser cette opération en une seule étape. Pour déplacer un fichier isolé, sélectionnez-le et appelez la commande "Déplacer" du menu "Fichier". Windows affiche alors la boîte de dialogue "Déplacer" et vous invite à indiquer le nom du répertoire de destination. Cliquez ensuite sur "Déplacer", à moins que vous ne souhaitiez interrompre la commande en cliquant sur "Annuler".

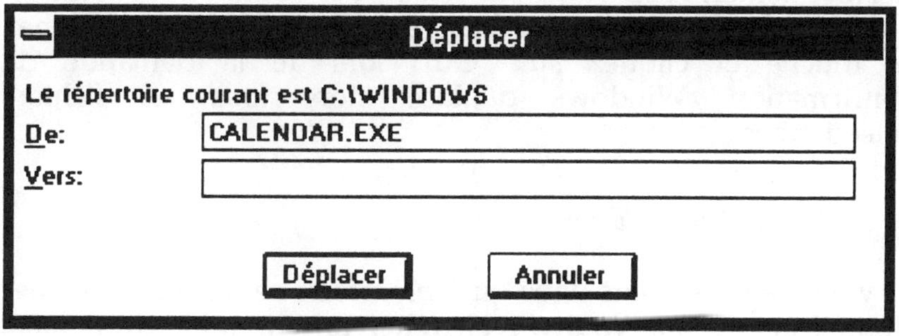

Figure 55 : La boîte de dialogue "Déplacer"

☞ *Déplacer rapidement un fichier*

La manipulation précédente peut être accélérée. Ouvrez en plus la fenêtre du répertoire de destination, arrangez-la de façon qu'elle ne recouvre pas la fenêtre qui contient le fichier à déplacer, positionnez le pointeur de la souris sur le fichier à déplacer, appuyez sur le bouton gauche et laissez-le enfoncé tout en tirant le fichier sélectionné dans la fenêtre de destination. Windows demande confirmation de la manipulation à effectuer : cliquez alors sur "Oui".

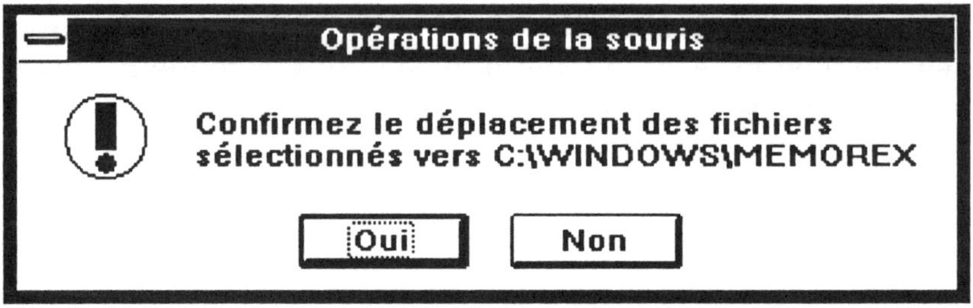

Figure 56 : Confirmez-vous le déplacement ?

☞ *Déplacer rapidement une sélection de plusieurs fichiers*

Si vous avez sélectionné un ensemble de fichiers, vous pouvez aussi les déplacer dans une autre fenêtre de répertoire en utilisant la méthode rapide. AU moment de sélectionner le dernier fichier, veillez à ne pas relâcher le bouton de la souris et amenez le pointeur dans la fenêtre de destination. Là, relâchez la touche et cliquez sur "Oui" lors de la demande de confirmation. Windows déplace alors tous les fichiers sélectionnés.

☞ *Rechercher un fichier*

Si vous ne savez plus dans quel répertoire se trouve un fichier donné, ou si vous voulez rechercher un ensemble de fichiers décrits par un masque donné, faites appel à la commande "Rechercher" du menu "Fichier". Windows affiche la boîte de dialogue "Rechercher". Vous êtes invité à taper un nom de fichier ou un masque. Normalement le gestionnaire de fichiers parcourt l'intégralité du disque ou de la disquette pour trouver le ou les fichiers concernés. Mais vous pouvez désactiver cette option ou la remettre en service en cliquant sur la case prévue à cet effet.

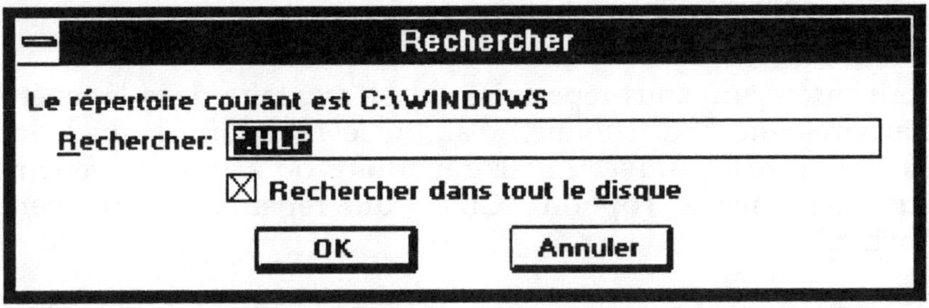

Figure 57 : A la recherche des fichiers

Cliquez ensuite sur "OK" pour commencer la recherche. Après un petit délai de traitement, vous voyez apparaître une fenêtre intitulée "Résultats de la recherche" qui contient la liste des fichiers trouvés avec leurs chemins d'accès. Si le nombre des fichiers trouvés excède l'espace disponible, la fenêtre est munie d'une barre de défilement que vous pouvez manipulez à votre guise de la manière habituelle.

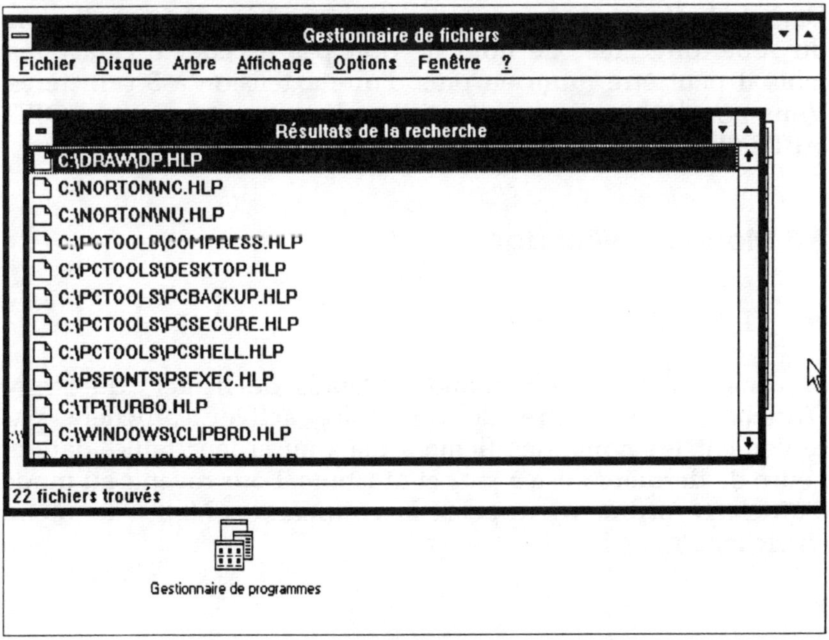

Figure 58 : Résultats de la recherche

☞ *Créer un nouveau répertoire*

Pour insérer un sous-répertoire supplémentaire dans la fenêtre d'arborescence, sélectionnez d'abord le répertoire auquel doit être rattaché le nouveau sous-répertoire ou activez sa fenêtre. Puis déclenchez l'option "Créer un répertoire" du menu "Fichier".

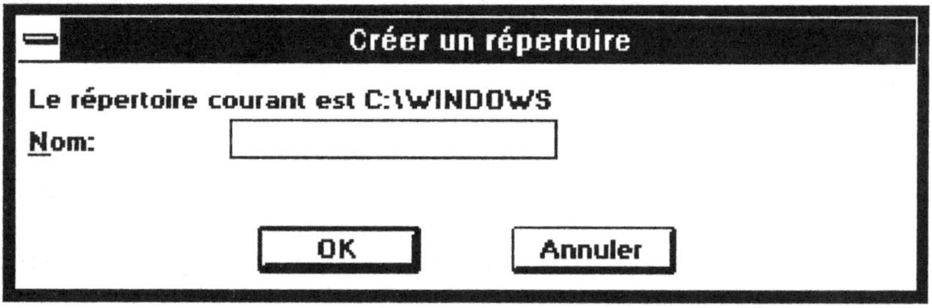

Figure 59 : Création d'un répertoire

Dans la boîte de dialogue qui apparaît à l'écran, tapez le nom du répertoire créé. Ce nom ne doit pas excéder 8 caractères, mais il peut être muni en plus d'une extension à 3 caractères. Vous pourriez par exemple utiliser des noms tels que PROJET ou TEXTE.DIR.

4.3 Modes d'affichage

☞ *Informations détaillées*

Si vous appelez la commande "Détails de fichier" du menu "Affichage", la fenêtre de répertoire active n'affichera pas seulement les noms des fichiers mais aussi leur taille, date et heure de dernière mise à jour et attributs. Pour revenir au mode d'affichage ordinaire, appelez la commande "Nom" du menu "Affichage".

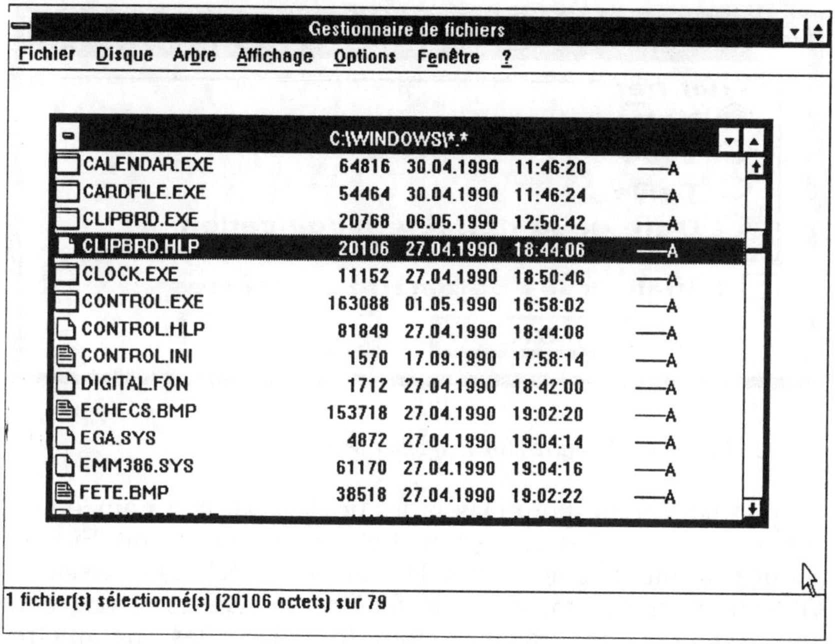

Figure 60 : Affichage en mode "Détails de fichier"

☞ *Changer l'ordre d'affichage des fichiers*

Les noms des fichiers et des répertoires ont une partie principale constituée de 8 caractères au plus et une extension facultative de 3 caractères au maximum. Normalement Windows classe les entrées d'une fenêtre de répertoire par ordre alphabétique des noms. Si vous préférez voir se succéder les fichiers de même extension, déclenchez la commande "Par type" du menu "Affichage". Pour revenir au classement standard, sélectionnez la commande "Par nom". Ces commandes n'agissent que sur la fenêtre de répertoire active. Si vous désirez étendre le classement à toutes les fenêtres de répertoire, appelez la commande "Trier par" du menu "Afficher".

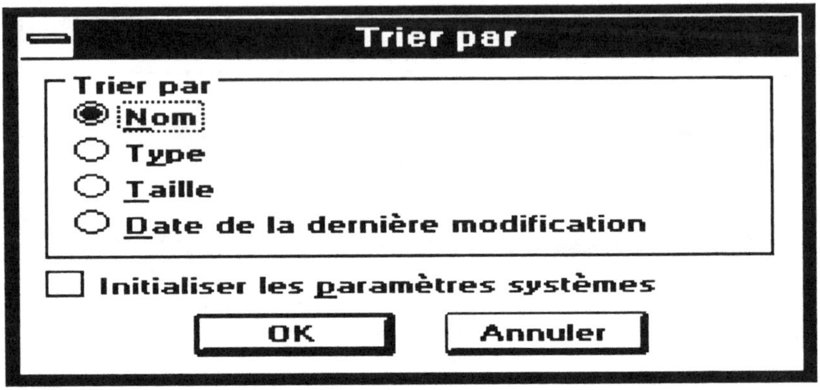

Figure 61 : Dans quel ordre faut-il afficher les fichiers ?

Cliquez sur "Nom" pour classer les fichiers par leur nom, ou sur "Type" pour les classer en fonction de leur extension. Si vous cliquez immédiatement sur le bouton "OK", le classement s'effectuera uniquement sur la fenêtre de répertoire active. Si vous cliquez auparavant sur "Initialiser les paramètres systèmes", vous obtiendrez le classement de l'ensemble des fenêtres de répertoire.

☞ *Filtrer l'affichage des fichiers*

Si vous voulez lancer une application au moyen du gestionnaire de fichiers, il peut être pénible de voir apparaître des noms de fichiers qui ne sont pas des programmes. En déclenchant la commande "Inclure" du menu "Affichage", vous obtenez une boîte de dialogue qui vous permet de préciser quels sont les fichiers à afficher.

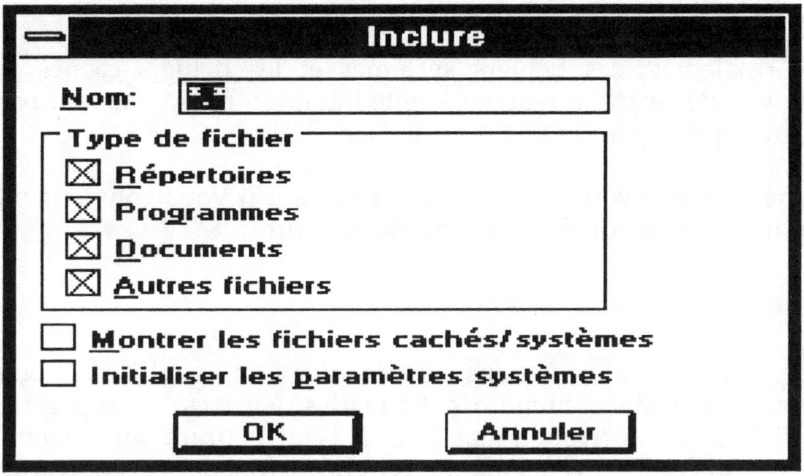

Figure 62 : Boîte de dialogue "Inclure"

Voici la liste des cases à cocher disponibles avec leur signification :

- ***Répertoires***

Les sous-répertoires n'apparaissent pas seulement dans la fenêtre d'arborescence, mais aussi dans toute fenêtre de répertoire

- ***Programmes***

Affiche les fichiers d'extension "EXE", "COM" , "BAT" et "PIF".

- ***Documents***

Affiche les fichiers dont l'extension est associée à une application. Si vous cliquez sur un tel fichier, Windows déclenche spontanément le programme associé.

- ***Autres fichiers***

Affiche tous les autres fichiers.

➡ ***Montrer les fichiers cachés/systèmes***

Normalement les fichiers systèmes et les fichiers cachés au moyen de l'attribut réservé à cette intention n'apparaissent pas. Cette option permet de les visualiser.

Une fois que vous avez coché les cases qui vous conviennent, quittez la boîte de dialogue en cliquant sur "OK".

☞ *Actualiser une fenêtre de répertoire*

Lorsque plusieurs actions se déroulent en parallèle, il peut arriver que le contenu de l'une des fenêtres de répertoire affichées ne correspondent plus à l'état courant du système. C'est souvent le cas lorsque Windows fonctionne en réseau. Pour mettre à jour une fenêtre de répertoire, activez-la et sélectionnez la commande "Actualiser" du menu "Fenêtre". Si plusieurs fenêtres nécessitent une mise à jour, activez-les l'une après l'autre et actualisez-les. La fenêtre d'arborescence peut également faire l'objet d'une actualisation.

☞ *Créer et modifier des associations*

Nous avons déjà plusieurs fois fait appel à la notion de "document". Un document est un fichier muni d'une extension associée à une application. Cette association peut être à tout moment modifiée ou complétée. Par exemple les fichiers se terminant par ".TXT" sont normalement associés au bloc-notes de Windows. Pour traiter les fichiers ".TXT" avec Word, sélectionnez un tel fichier et appelez la commande "Associer" du menu "Fichier".

Figure 63 : Modification d'une association

La boîte de dialogue affiche le nom du programme qui s'exécute lorsqu'on clique deux fois sur les fichiers ".TXT", à savoir "NOTEPAD.EXE". Vous devez indiquer le nom véritable du programme et non celui affiché par le gestionnaire de fichiers. Vous pouvez vous renseigner sur le nom véritable du programme en actionnant la commande "Propriétés" du menu "Fichier". Dans notre exemple, nous allons remplacer NOTEPAD.EXE par WORD. Jusqu'à la version 4 de MS Word, vous devrez taper "\WORD\WORD.COM". A partir de la version 5, tapez "\WORD\WORD.EXE". Refermez la boîte de dialogue par "OK". Chaque fois que vous cliquerez deux fois sur une fichier ".TXT", Windows déclenchera maintenant le traitement de texte MS Word.

☞ *Ouvrir directement une fenêtre de répertoire*

Jusqu'ici vous passiez toujours par la fenêtre d'arborescence pour ouvrir une fenêtre de répertoire. Il s'avère souvent plus pratique d'ouvrir directement une fenêtre de répertoire à partir d'une autre. Parmi les entrées affichées dans une fenêtre de répertoire se trouvent également les sous-répertoires dépendants. Si vous cliquez dessus, vous ouvrirez une nouvelle fenêtre de répertoire ou ramènerez au premier plan une fenêtre déjà ouverte.

☞ *Le répertoire [..]*

L'entrée désignée par "[..]" ne correspond pas à un sous-répertoire mais au répertoire parent de niveau immédiatement supérieur.

☞ *Refermer toutes les fenêtres de répertoire*

Si vous voulez refermer toutes les fenêtres de répertoire présentement ouvertes, vous n'êtes pas obligé de les activer une à une. Il suffit de déclencher la commande globale "Fermeture de tous les répertoires" du menu "Fenêtre". Le gestionnaire de fichiers ne laisse alors sur l'écran que la seule fenêtre d'arborescence.

Changer le nom d'un fichier	
Ouvrez la fenêtre du répertoire où se situe le fichier	
Cliquez sur le nom actuel du fichier.	
Appelez la commande "Renommer" du menu "Fichier"	
Tapez le nouveau nom du fichier	
{OK}	déclenche le changement de nom

Changer le nom d'un répertoire
Dans la fenêtre d'arborescence ou une fenêtre de répertoire sélectionnez le répertoire concerné

Appelez la commande "Renommer" du menu "Fichier"	
Tapez le nouveau nom du répertoire	
{Renommer}	déclenche le changement de nom

Changer le nom d'un ensemble de fichiers par joker	
Ouvrez et activez la fenêtre de répertoire où se trouvent les fichiers à renommer	
Appelez la commande "Renommer" du menu "Fichier"	
{De}	Tapez le masque décrivant les fichiers à renommer
{Vers}	Tapez le masque qui définit les nouveaux noms
{Renommer}	Tous les fichiers correspondant au premier masque sont renommés suivant le second masque

Copier un fichier
Sélectionnez le fichier à copier dans une fenêtre de répertoire
Appelez la commande "Copier" du menu "Fichier"

Tapez le nom de la copie si elle doit être effectuée dans le répertoire d'origine
ou indiquez un autre répertoire si la copie ne doit pas être enregistrée dans le répertoire d'origine. Dans ce cas vous pouvez également modifier le nom de la copie.
{Copier} déclenche l'opération de copie

Copier un ensemble de fichiers par joker	
Appelez la commande "Copier" du menu "Fichier"	
{De}	Tapez le masque décrivant les fichiers à copier
{Vers} Tapez un répertoire, un masque ou un chemin d'accès suivi d'un masque	Cette indication détermine si les fichiers correspondant au premier masque sont copiés dans un autre répertoire, dans le même répertoire sous un autre nom ou dans un autre répertoire sous un autre nom.
{Copier}	déclenche l'opération de copie

Sélectionner plusieurs fichiers
Activez le premier fichier en cliquant dessus

Activez les autres fichiers en maintenant enfoncée la touche [CONTROLE] pendant que vous cliquez dessus. Si vous sélectionnez une série de fichiers, vous pouvez carrément laisser enfoncée la touche [CONTROLE] pendant toute l'opération.

Copier une sélection de fichiers	
Sélectionnez les fichiers à copier	
Appelez la commande "Copier" du menu "Fichier"	
Tapez le nom du répertoire de destination	
{Copie}	déclenche l'opération de copie

Supprimer un ou plusieurs fichiers	
Sélectionnez le(s) fichier(s) à supprimer	
Appelez la commande "Supprimer" du menu "Fichier"	
{Supprimer}	vous demande une première confirmation générale de l'opération

Pour chaque fichier il apparaît ensuite une boîte de dialogue vous demandant de confirmer la suppression. Répondez "Oui" pour confirmer, "Non" pour renoncer à la suppression, "Annuler" pour interrompre l'opération.	

Supprimer des fichiers par joker	
Activez la fenêtre du répertoire où se trouvent les fichiers à supprimer	
Appelez la commande "Supprimer" du menu "Fichier"	
Tapez le masque décrivant les fichiers à supprimer	
{Supprimer}	Pour chaque fichier il apparaît une boîte de dialogue demandant de confirmer la suppression. Répondez "Oui" pour confirmer, "Non" pour renoncer à la suppression, "Annuler" pour interrompre l'opération.

Effacer un répertoire	
Activez le répertoire concerné dans la fenêtre d'arborescence ou dans une fenêtre de répertoire	
Appelez la commande "Supprimer" du menu "Fichier"	

{Supprimer}	Pour chaque fichier et chaque sous-répertoire il apparaît une boîte de dialogue demandant de confirmer la suppression. Répondez "Oui" pour confirmer, "Non" pour renoncer à la suppression, "Annuler" pour interrompre l'opération.

Déplacer des fichiers	
Sélectionnez les fichiers à déplacer dans une fenêtre de répertoire	
Appelez la commande "Déplacer" du menu "Fichier"	
Indiquez le répertoire de destination	
{Déplacer}	
Alternative : Ouvrez les fenêtres des répertoires d'origine et de destination de telle sorte qu'elles ne se recouvrent pas trop. Sélectionnez les fichiers à déplacer. Au moment de la dernière sélection, ne relâchez pas le bouton de la souris mais faites glisser le pointeur dans le répertoire de destination.	
{Oui}	Rechercher un ou plusieurs fichiers

Appelez la commande "Rechercher" du menu "Fichier"	
Indiquez un nom ou un masque de fichier	
{OK}	déclenche la recherche

☞ *N'utiliser qu'une seule fenêtre de répertoire*

Chaque double clic sur une entrée de l'arborescence ou d'une fenêtre de répertoire déclenche l'ouverture d'une nouvelle fenêtre de répertoire. Grâce à la commande "Remplacer à l'ouverture" du menu "Affichage", le gestionnaire de fichiers permet de substituer la nouvelle fenêtre à la précédente, ce qui évite la multiplication des fenêtres. Si vous appelez une deuxième fois cette commande, les ouvertures reprennent à nouveau sans substitution.

☞ *Collaboration du gestionnaire de programmes et du gestionnaire de fichiers*

Rangez les fenêtres du bureau en appelant la liste des tâches et "Mosaïque". Puis positionnez le pointeur sur une entrée du gestionnaire de programmes, maintenez le bouton de la souris enfoncé et faites glisser le pointeur dans une fenêtre de groupe du gestionnaire de fichiers : Windows y crée alors une icône d'application.

☞ *Travailler avec des fenêtres de répertoires cachées*

Si vous avez ouvert de nombreuses fenêtres de répertoire, il est probable que l'une ou l'autre finissent par être recouvertes. S'il reste une partie visible, il suffit de cliquer dessus pour ramener la fenêtre au premier plan.

NOTE : ☞ Pour passer d'une fenêtre à l'autre sans les manipuler, utilisez CTRL + TAB.

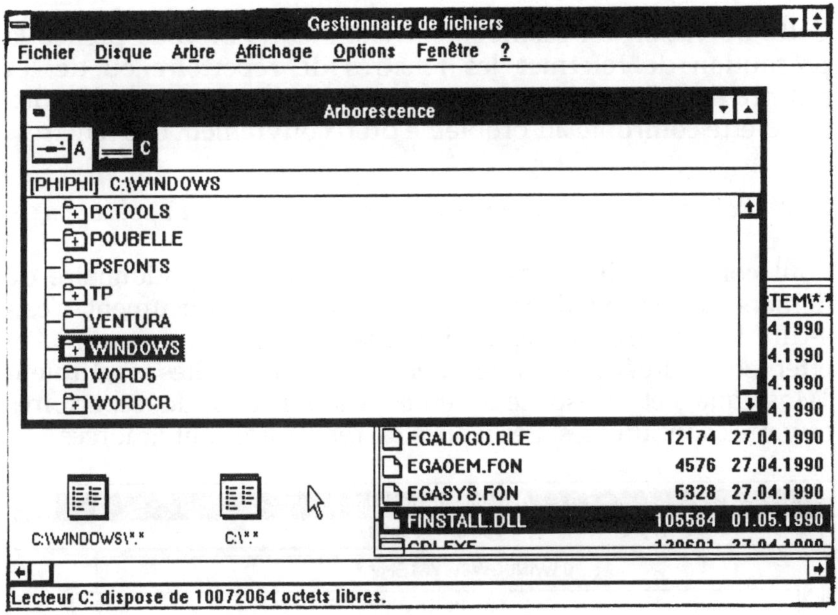

Figure 64 : Fenêtre partiellement recouverte par une autre

Si une fenêtre a complètement disparu sous la pile des autres, il existe plusieurs possibilités pour y accéder. Vous pouvez réduire à l'état d'icône ou déplacer les fenêtres de répertoire recouvrantes de façon à dégager la fenêtre cachée. Vous pouvez aussi ouvrir le menu "Fenêtre" qui comporte dans sa partie inférieure une liste des fenêtres de document ouvertes. Si vous sélectionnez l'une d'elles, Windows la ramène au premier plan. Si le nombre de répertoires ouverts dépasse dix, seules les neuf premières fenêtres sont mentionnées dans la liste. Les autres peuvent être atteintes au moyen de la commande "Plusieurs fenêtres".

Si vous cliquez sur cette commande, la boîte de dialogue "Sélectionner une fenêtre" apparaît à l'écran. Elle contient une zone de liste qui mentionne toutes les fenêtres de document ouvertes. La barre de défilement permet de rechercher la fenêtre souhaitée. Il suffit alors de cliquer dessus et de confirmer par "OK".

Cette opération est relativement fastidieuse. Si vous prenez la précaution de refermer les fenêtres de répertoire ou de les réduire en icônes quand elles ne servent plus, vous ne risquez pas d'être confronté au problème du recouvrement des fenêtres.

☞ *Ranger les fenêtres de répertoire dans la fenêtre d'application*

Tout comme la liste des tâches du bureau, le gestionnaire de fichiers est capable d'ordonner ses fenêtres de document, c'est-à-dire les fenêtres de répertoire. Les commandes prévues à cet effet sont situées dans le menu "Fenêtre". Elles s'intitulent "Mosaïque" et "Cascade". Seules les fenêtres de répertoires ouvertes sont traitées. Les icônes de répertoire sont ignorées.

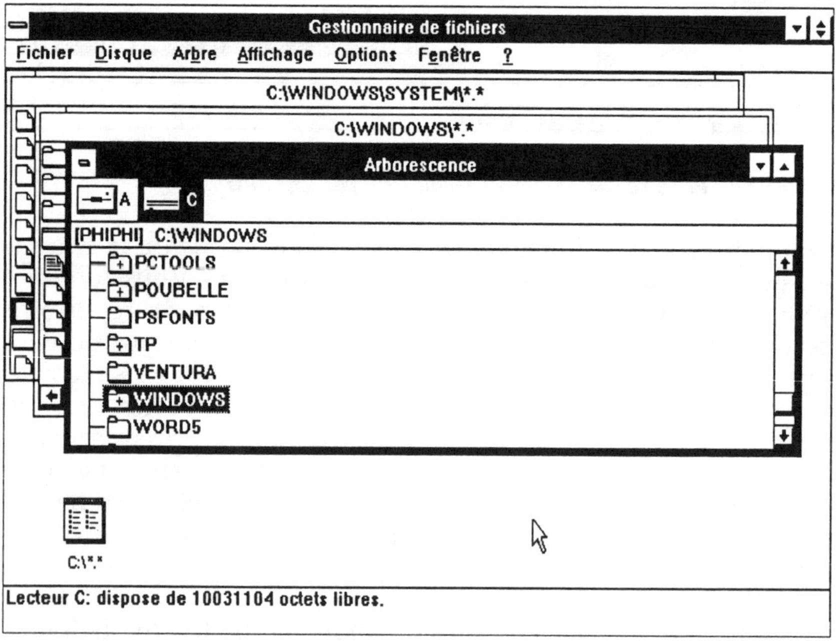

Figure 65 : Disposition en cascade

L'option "Cascade" permet de donner la même taille à toutes les fenêtres en provoquant leur recouvrement partiel. Inconvénient de la méthode : S'il y a beaucoup de fenêtres de répertoire ouvertes, certaines risquent de disparaître complètement dans la pile. Avantage : Toutes les fenêtres de répertoire ont une taille raisonnable si les dimensions de la fenêtre d'application le permettent.

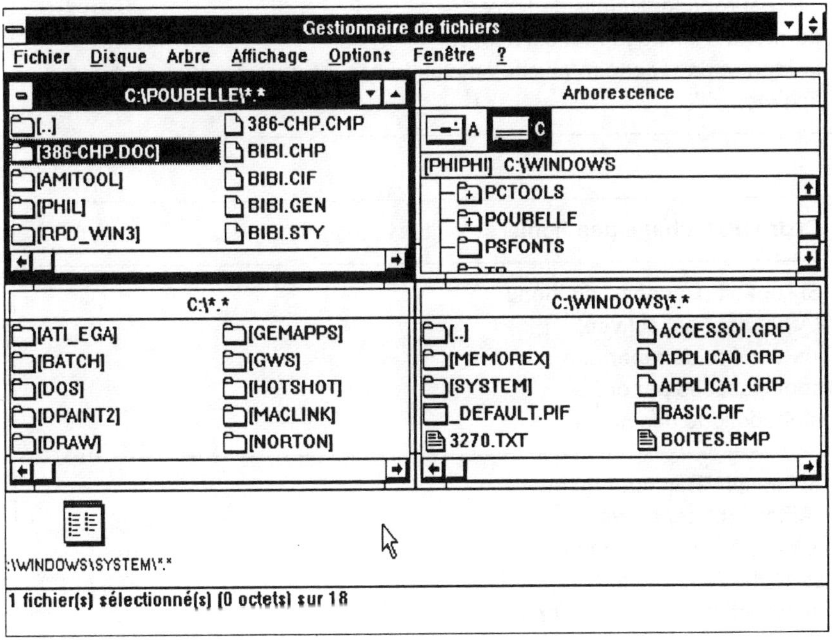

Figure 66 : Disposition en mosaïque

L'option "Mosaïque" provoque un autre type de présentation : les fenêtres de répertoire ouvertes sont redimensionnées et déplacées de façon à tenir côte à côte sans recouvrement. Inconvénient de cette méthode : Si les répertoires sont nombreux ou si la fenêtre d'application n'est pas très grande, les fenêtres de répertoire rapetissent au point de ne plus pouvoir être directement utilisables.

Modes d'affichage
Si l'option "Nom" du menu "Affichage" est activée, seuls les noms des fichiers sont affichés dans la fenêtre de répertoire
Si c'est l'option "Détails de fichier" du menu "Affichage" qui est activée, la fenêtre de répertoire affiche en plus toutes les caractéristiques des fichiers.

Ordre d'affichage des fichiers
Si l'option "Par nom" du menu "Affichage" est activée, les entrées du répertoire sont classées par ordre alphabétique des noms
Si l'option "Par type" du menu "Affichage" est activée, les entrées du répertoire sont classées par ordre alphabétique des extensions

Filtrage de l'affichage
Appelez la commande "Inclure" du menu "Affichage"

Cochez les cases **{Répertoires}**, **{Programmes}**, **{Documents}**, **{Autres fichiers}**, **{Montrer les fichiers cachés/système}** pour afficher les fichiers correspondants.

{OK}	confirme votre demande

Actualiser le contenu d'une fenêtre
Activez la fenêtre de répertoire ou la fenêtre d'arborescence
Appelez la commande "Actualiser" du menu "Fenêtre"

Modifier des associations	
Activez un fichier muni de l'extension concernée par l'association	
Appelez la commande "Associer" du menu "Fichier"	
Indiquez le chemin d'accès et le nom du programme à associer avec l'extension choisie	
{OK}	entérine la modification

Fermer toutes les fenêtres de répertoire
Appelez la commande "Fermeture de tous les répertoires" du menu "Fenêtre".

Ranger les fenêtres de répertoire en cascade	
Appelez la commande "Cascade" du menu "Fenêtre"	Windows dispose les fenêtres de façon qu'elles aient la même taille et se recouvrent partiellement.

Ranger les fenêtres de répertoire en mosaïque	
Appelez la commande "Mosaïque" du menu "Fenêtre"	Windows dispose les fenêtres côte à côte dans la fenêtre d'application.

4.4 Disquettes et disque dur

☞ *Modifier un nom de volume*

MS-DOS prévoit la possibilité de donner un nom à chaque support de données (disque ou disquettes appelés "volume"). Le gestionnaire de fichiers affiche entre crochets le nom du disque actif, à l'intérieur de la fenêtre d'arborescence, en dessous des icônes représentant les lecteurs disponibles. Si le disque n'a pas été baptisé, les crochets n'apparaissent pas.

Pour modifier le nom du disque ou d'une disquette, appelez la commande "Nommer un disque" du menu "Disque". Le gestionnaire de fichiers ouvre alors une boîte de dialogue intitulée "Nommer un disque" dans laquelle se trouve une zone de texte avec le nom actuel du support. C'est ici que vous taperez le nouveau nom, à confirmer en cliquant sur "OK". Pour . Si vous changez d'avis et décidez de ne pas modifier le nom, cliquez sur "Annuler".

☞ *Formater des disquettes*

Avant d'enregistrer des données sur une disquette neuve, il faut la soumettre à l'opération de formatage. Il existe à l'heure actuelle deux formats usuels de disquettes : les 5 1/4 pouces et les 3 1/2 pouces. Par ailleurs, à l'intérieur de ces formats, il existe une variante dit "HD" (haute densité). Les disquettes haute densité sont capables de stocker davantage de données. Mais tous les lecteurs ne sont pas à même de les exploiter.

Format de disquette	Type	Capacité
5 1/4	normal	360 Ko
5 1/4	HD	1,2 Mo
3 1/2	normal	720 Ko
3 1/2	HD	1,44 Mo

Pour procéder au formatage d'une disquette, appelez la commande "Formater une disquette" du menu "Disque". Cette commande n'est prévue que pour une disquette : elle ne permet pas de formater un disque dur. Il y a deux raisons à cela. La première, c'est que la commande pourrait être déclenchée par erreur et elle effacerait alors l'intégralité des données du disque dur. Par ailleurs, la plupart des ordinateurs ne disposent que d'un seul disque dur qui abrite précisément Windows. Il serait donc pour le moins étrange d'utiliser Windows pour sa propre destruction. Mais revenons au formatage des disquettes. Quand la commande a été appelée, il apparaît une boîte de dialogue intitulée "Formater une disquette" qui vous invite à préciser le lecteur concerné.

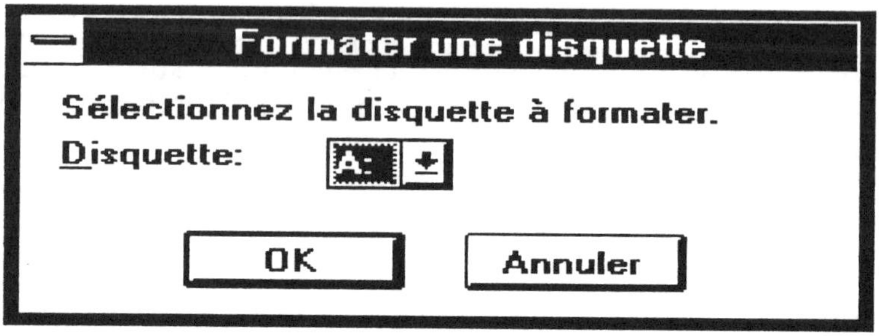

Figure 67 : Sélection de la disquette à formater

Si le lecteur proposé ne correspond pas à celui où est engagée la disquette à formater, ouvrez la zone de liste "Disquette" en cliquant sur la flèche vers le bas. Avec un autre clic sélectionnez le lecteur que vous souhaitez utiliser puis confirmez par "OK". Comme le formatage détruit les données éventuellement enregistrées sur la disquette, une seconde confirmation est nécessaire avant que l'opération ne soit réellement lancée (Figure 68). Il faut donc cliquer sur "Formater". Si vous cliquez sur "Annuler", l'opération est arrêtée. Une nouvelle boîte de dialogue apparaît qui vous demande quel est le type de la disquette à formater et s'il faut y enregistrer les fichiers systèmes de démarrage. Si vous ne voulez pas de formatage haute densité, cliquez sur la case correspondante pour enlever la petite croix. Pour réaliser une disquette système, cochez la case "Créer un disque système".

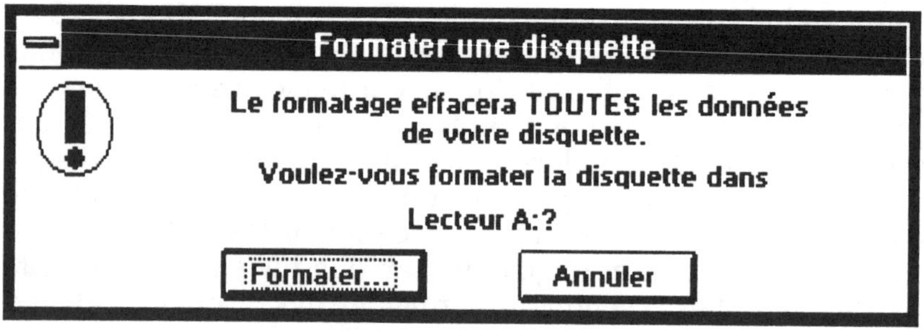

Figure 68 : Confirmation de la demande de formatage

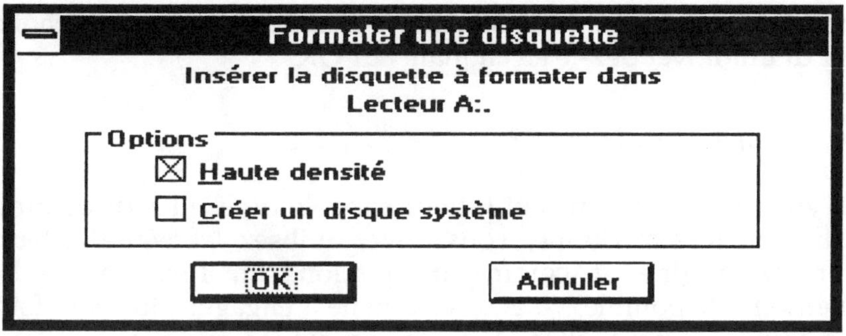

Figure 69 : Sélection du type de disquette

Pour déclencher enfin le formatage, cliquez sur OK. Vous avez encore la faculté d'interrompre l'opération en cliquant sur "Annuler". Pendant le formatage, une fenêtre indique la progression de l'opération. Au bout d'un certain temps le gestionnaire de fichiers affiche la fenêtre "Formatage achevé" qui demande si vous désirez formater une autre disquette. Si tel est effectivement le cas, cliquez sur "Oui". Vous êtes alors renvoyé dans la fenêtre de sélection du type de disquette. Sinon cliquez sur "Annuler".

☞ *Copier des disquettes*

Pour faire la copie intégrale d'une disquette, il est le plus souvent préférable d'opérer globalement plutôt que fichier par fichier. En procédant ainsi, vous dupliquerez automatiquement le nom du volume et différents autres éléments qui seraient ignorés au niveau des fichiers.

Pour copier une disquette, sélectionnez d'abord un lecteur. Pour cela, cliquez sur l'une des icônes de lecteur qui se trouvent dans la fenêtre d'arborescence. Puis appelez la commande "Copier une disquette" du menu "Disque". Le gestionnaire de fichiers demande aussitôt quelle est la disquette de destination.

Si le lecteur proposé ne correspond pas à celui que vous souhaitez, déroulez la liste de la boîte affichée en cliquant sur la case munie d'une flèche vers le bas. Cliquez ensuite sur la bonne désignation. Pour signaler à Windows que votre choix est définitif, validez-le en cliquant sur OK.

☞ *Un ou deux lecteurs ?*

Si vous n'avez qu'un seul lecteur capable de lire les disquettes dans un format donné, vous devez utilisez le même lecteur comme origine et comme destination. En fonction de la mémoire disponible, vous serez amené à engager plusieurs fois de suite les disquettes dans le lecteur. Si vous avez deux lecteurs capables de lire et d'enregistrer des disquettes au format de l'original, il est avantageux de les mettre tous deux en service lorsque la mémoire est trop juste pour assurer la copie en un seul passage.

Une autre fenêtre vous informe que l'opération va détruire les fichiers de la disquette de destination. Cliquez sur "Copier" pour poursuivre. C'est alors le moment d'introduire la disquette d'origine dans le lecteur, comme l'indique la fenêtre suivante. Une fois la disquette introduite, cliquez sur "OK".

Si les lecteurs d'origine et de destination sont les mêmes, Windows commence aussitôt la copie.

Au bout d'un certain temps, il faut introduire la disquette de destination.

Si la mémoire centrale ne suffit pas pour stocker transitoirement le contenu complet de la disquette d'origine, il vous sera demandé de réintroduire une ou plusieurs fois la disquette d'origine dans le lecteur, en alternance avec la disquette de destination. Lorsqu'aucune boîte de dialogue n'apparaît plus sur l'écran, la copie est achevée.

Si vous avez interrompu le processus en actionnant le bouton "Annuler", le gestionnaire de fichiers affiche le message "Impossible de copier la disquette".

Avec deux lecteurs, la fenêtre qui invite à introduire la disquette d'origine est suivie d'une autre qui vous invite encore une fois à introduire les deux disquettes d'origine et de destination. Si vous confirmez par "OK", Windows démarre l'opération de copie. Dans ce cas, vous n'aurez évidemment pas à manipuler les disquettes.

Modifier un nom de disque(tte)	
Sélectionnez le lecteur concerné dans la fenêtre d'arborescence	
Appelez la commande "Nommer un disque" du menu "Disque".	
Tapez le nom que vous voulez donner au disque ou à la disquette ("volume")	
{OK}	confirme la demande

Copier une disquette avec deux lecteurs
Dans la fenêtre d'arborescence, sélectionnez le lecteur qui contient la disquette à copier
Appelez la commande "Copier une disquette" du menu "Disque"
Déroulez la boîte pour sélectionner le lecteur de destination
{OK}

Introduisez dans leurs lecteurs respectifs les disquettes d'origine et de destination	
{Copier}	confirme la demande
{OK}	confirme que la disquette d'origine est bien engagée
{OK}	confirme que les disquettes d'origine et de destination sont bien engagées

Copier une disquette avec un seul lecteur	
Dans la fenêtre d'arborescence, sélectionnez le lecteur qui contient la disquette à copier	
Appelez la commande "Copier une disquette" du menu "Disque"	
Déroulez la boîte pour sélectionner une nouvelle fois le lecteur concerné	
{OK}	
Introduisez la disquette d'origine dans le lecteur	
{Copier}	confirme la demande

{OK}	confirme que la disquette d'origine est bien engagée
{OK} (... {OK}...)	Suivez les instructions des fenêtres qui apparaissent pour engager la disquette de destination ou la disquette d'origine.

Formater une disquette	
Appelez la commande "Formater une disquette" du menu "Disque"	
Déroulez la liste qui se présente et sélectionnez le lecteur concerné	
{OK}	confirme la demande
{Formater}	confirme une deuxième fois la demande
Désactivez la case **"Haute densité"** si vous voulez formater une disquette ordinaire	
Activez la case **"Haute densité"** si vous voulez formater une disquette haute densité	
{OK}	lance l'opération
{Non}	s'il n'y a pas d'autre formatage à effectuer

5. Ce que vous devez encore savoir

Nous avons étudié dans les derniers chapitres de nombreux points de première importance pour le maniement de Windows. Nous allons maintenant nous consacrer à quelques compléments qui ne sont pas absolument indispensables mais qui peuvent faciliter le travail de l'utilisateur.

5.1 Exécuter des applications MS-DOS ordinaires

Windows a l'ambition de prendre à moyen terme la relève du système d'exploitation MS-DOS. C'est une des raisons pour lesquelles ses développeurs se sont donné beaucoup de mal pour assurer la compatibilité avec MS-DOS : il est possible d'exécuter confortablement à partir de Windows des programmes qui n'ont pas été prévus pour cet environnement, de façon fiable, sans qu'ils se plantent. Il est vrai que l'efficacité de cette fonction dépend étroitement de l'ordinateur utilisé. Avec une machine munie d'un processeur 80386 ou 80486, le mode 386 étendu permet de lancer n'importe quel programme à partir de l'interface Windows. Avec un AT équipé d'un processeur 80286, il est encore possible d'exécuter des programmes DOS sous Windows en mode standard ou réel.

☞ *Comment lancer une application DOS*

Le lancement d'un programme qui n'a pas été spécialement écrit pour Windows s'effectue de la même façon qu'une application Windows. Vous pouvez passer par le gestionnaire de fichiers ou utiliser une icône du gestionnaire de programmes.

☞ *Lancement du shell DOS*

Le groupe principal du gestionnaire de programmes contient une icône intitulée "Commandes DOS". Si vous cliquez deux fois dessus, le bureau de Windows disparaît et l'écran habituel de MS-DOS apparaît avec le message

```
Microsoft (R) MS DOS (R) Version 4.01
          (C) Copyright Microsoft Corp 1981-1989

C:\WINDOWS\>_
```

On pourrait ainsi croire que l'exécution de Windows est achevée. Mais il n'en est rien. Si vous tapez EXIT et la touche [ENTREE], le bureau de Windows réapparaît. La tâche MS-DOS est ainsi clôturée.

☞ *Commuter entre les écrans de DOS et de Windows*

Cliquez à nouveau deux fois sur l'icône "Commandes DOS". Puis tapez [ALT] + [TAB]. L'écran de Windows réapparaît, mais il affiche l'icône COMMAND dans la partie inférieure du bureau. Un double clic sur cette icône vous ramène dans la tâche MS-DOS.

☞ *Une possibilité du mode 386 étendu*

Si vous avez un AT ou un PS/2 équipé d'un processeur 80386, vous pouvez passer du mode DOS au bureau de Windows en tapant [ALT] + [ENTREE]. Vous voyez alors s'ouvrir une fenêtre d'application intitulée COMMAND qui simule le contenu d'un écran DOS.

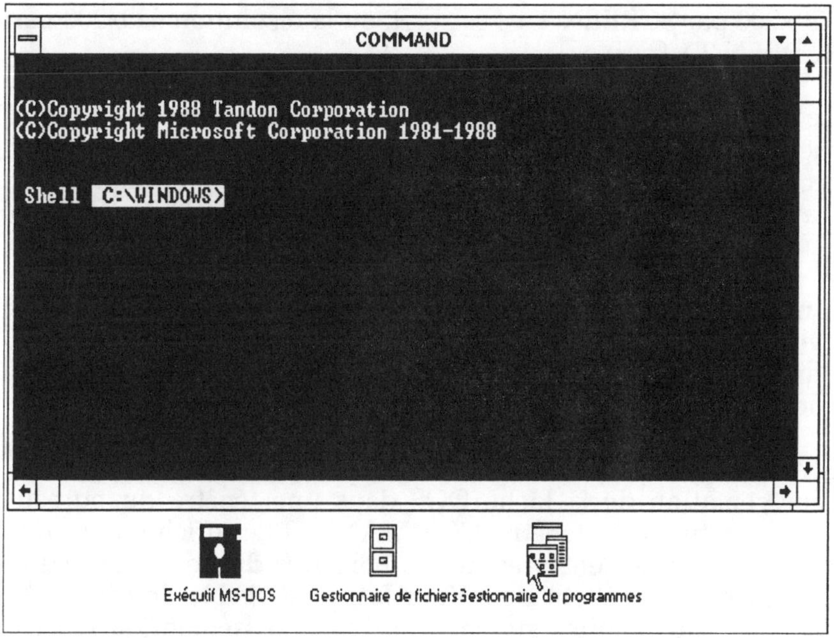

Figure 71 : Emulation de l'écran DOS par le bureau de Windows

Si vous tapez DIR et validez par [ENTREE], l'incroyable se produit : le catalogue du répertoire C:\WINDOWS défile à l'intérieur d'une fenêtre d'application du bureau de Windows ! Sans doute constaterez-vous que l'ordre s'exécute avec quelque lenteur. En effet DOS écrit comme d'habitude ses sorties dans une certaine zone mémoire associée à l'écran. Mais à intervalle régulier, Windows lit le contenu de cette zone pour le transférer dans la fenêtre de l'application.

Vous pouvez même afficher des graphiques dans cette fenêtre. Mais il faut veiller à ne pas prévoir de résolution incompatible avec celle utilisée par le bureau. Si le bureau s'affiche en mode VGA, vous ne devez pas laisser la tâche DOS accéder à l'écran VGA (à moins que vous ne reveniez à l'écran normal de DOS par [ALT] + [ENTREE]). Si vous avez une carte EGA, VGA, 8514/a ou quelque chose de semblable, vous pouvez effectuer un test en appelant GWBASIC par GWBASIC + [ENTREE], ou BASIC-A par BASICA + [ENTREE] et en activant la résolution

320x200 par SCREEN 1 + [ENTREE], ou la résolution 620x200 par SCREEN 2 + [ENTREE].

Le résultat est tout à fait acceptable mais l'exécution est lente, même sur un 386 à 33 Mhz ou un 486 à 25 Mhz. Il est donc recommandé, surtout avec des applications graphiques, de travailler dans le mode d'affichage habituel de DOS ([ALT] + [ENTREE]). Les graphiques seront exécutés sans perte de vitesse et vous pouvez exploiter toutes les résolutions sans risquer de tomber sur une incompatibilité qui plante le système. Si vous avez suivi notre exemple, vous vous trouvez en ce moment dans l'interpréteur BASIC. Vous pouvez le quitter par la commande SYSTEM + [ENTREE].

Si vous n'y êtes pas déjà, revenez par [ALT] + [ENTREE] à la représentation de la tâche DOS dans une fenêtre du bureau. Puis rapetissez la fenêtre COMMAND. Elle affiche alors des barres de défilement près de ses bordures droite et inférieure. Ces barres permettent de définir la partie visible de l'écran de DOS. Si vous cliquez sur la case d'agrandissement, la fenêtre prend une taille qui vous permet d'en voir toutes les informations. Contrairement à la représentation plein écran habituelle, la fenêtre n'occupe pas la totalité de l'écran. On peut même la déplacer. L'expression "plein écran" signifie ici que l'écran de DOS est visible dans sa totalité.

☞ *Problèmes possibles lorsque des applications DOS sont exécutées sous Windows*

L'exécution des programmes DOS ordinaires ne devrait pas poser de problème en relation avec Windows. Microsoft avoue certes que son simulateur de vol, pourtant développé à l'intérieur de la société, supporte mal la commutation de tâche. Et d'autres programmes de ce genre connaissent quelques difficultés d'adaptation. Mais en règle générale, le verdict de compatibilité est indéniablement positif. Il faut simplement éviter certaines expériences hasardeuses. Les programmes proches du système qui accèdent directement au disque dur (du genre Norton Speed Disk) ne doivent en aucun être lancés sous forme de tâche DOS à partir de Windows. Ces programmes se croient tout permis et il ne leur vient pas à l'idée de devoir partager le disque avec une autre tâche. Vous ne perdrez pas nécessairement toutes vos données mais si vous ne tenez pas compte de cet avertissement, le pire peut arriver. Soyez donc prudent.

☞ *Les applications DOS*

En règle générale, vous pouvez quitter Windows sans clôturer au préalable tous les programmes. Mais il n'est pas possible de laisser s'exécuter en arrière-plan une tâche DOS. Il faut absolument la terminer.

Sur le travail avec les applications de DOS sous Windows vous connaissez maintenant l'essentiel. Quittez la tâche DOS en tapant EXIT + [ENTREE].

Appeler MS-DOS
Cliquez deux fois sur l'icône "Commandes DOS" du groupe principal du gestionnaire de programmes

Revenir à Windows	
EXIT [ENTREE]	Ordre pour quitter COMMAND.COM

Passer de l'écran de DOS à l'écran de Windows	
[ALT] + [TAB]	affiche la fenêtre suivante

Passer de l'écran de Windows à l'écran de DOS	
Cliquez deux fois sur l'icône de l'application affichée sur le bureau	
En mode 836 étendu : pour passer de l'écran ordinaire de DOS à la représentation sous forme de fenêtre Windows	
[ALT] + [ENTREE]	Lorsqu'on passe de la fenêtre Windows à l'écran ordinaire de DOS, la fenêtre Windows doit être active.

5.2 Echange de données entre applications Windows

☞ *Echange de données sous MS-DOS...*

Sous MS-DOS il est pratiquement impossible de communiquer des données d'un programmes à un autre. Il faut en fait enregistrer les données en question dans un fichier spécifique, sortir du premier programme avant de démarrer le second. Il existe bien des canaux de données appelés "Pipes" et représentés par le symbole "|" mais cette possibilité est très limitée. La plupart des utilisateurs ne la connaissent que par l'exemple DIR | SORT qui sert à trier un catalogue de disque(tte). Windows offre par contre des moyens simples et variés d'échanger des données entre applications.

☞ *... et sous Windows*

Vous pouvez évidemment toujours communiquer par fichier interposé. Mais Windows met à votre disposition deux interfaces spécialisées particulièrement efficaces : le Presse-papiers et le canal DDE. Dans le cadre de cet ouvrage, nous ne traiterons en détail que le Presse-papiers. Les applications qui exploitent des textes, des images et des formats similaires contiennent presque toujours un menu qui permet de copier des données dans le Presse-papiers ou au contraire d'amener les données du Presse-papiers dans l'application ("collage"). A titre d'exemple supposons que vous travailliez simultanément avec un programme de dessin (Paintbrush) et un traitement de texte (MS Write). Vous pouvez réaliser une image avec le programme de dessin, la copier dans le Presse-papiers, passer au traitement de texte et transférer l'image du Presse-papiers dans le document en cours d'édition.

☞ *L'interface DDE*

L'interface DDE fonctionne de manière similaire mais plus complexe. Une application X peut communiquer avec une application Y lorsque l'une et l'autre ont été préparées à cet effet. Supposons par exemple que vous travailliez avec le tableur MS Excel et la base de données Superbase 4 sous Windows. Les deux programmes supportent le canal DDE. Vous pouvez demander à Excel d'envoyer des données en perpétuelle actualisation à Superbase. Superbase les reçoit et pourra les traiter pour les transformer par exemple en graphiques. La transmission par canal DDE présente encore un autre avantage. Si un programme X ne dispose pas d'une certaine fonction du programme Y, vous pouvez faire exécuter les deux programmes en parallèle de façon que la fonction manquant à l'un soit suppléée par l'autre.

Mais revenons au Presse-papiers. ouvrez le groupe "Accessoires" du gestionnaire de programmes et lancez les applications "Paintbrush" et "Write". Réduisez le gestionnaire de programmes à l'état d'icône et appelez la liste des tâches en cliquant deux fois sur un emplacement libre du bureau. Après avoir cliqué sur "Mosaïque", activez le traitement de texte MS Write en cliquant à l'intérieur de sa fenêtre. Ecrivez un petit texte. Puis activez Paintbrush et faites un dessin quelconque.

Dans la partie gauche de la fenêtre de Paintbrush se trouvent de nombreuses icônes. L'une d'elles, dans la première ligne à droite, est constituée par un rectangle avec des ciseaux. Cliquez dessus. Si vous déplacez le pointeur sur la zone de dessin, il se transforme en une petite croix. Avant de copier une partie du graphique dans le Presse-papiers, il faut la délimiter. Pour cela, placez d'abord le pointeur sur le coin supérieur gauche de la zone à copier. Appuyez ensuite sur le bouton gauche de la souris et en le maintenant enfoncé déplacez le pointeur vers le coin inférieur droit de la zone à copier. Paintbrush dessine un rectangle de délimitation.

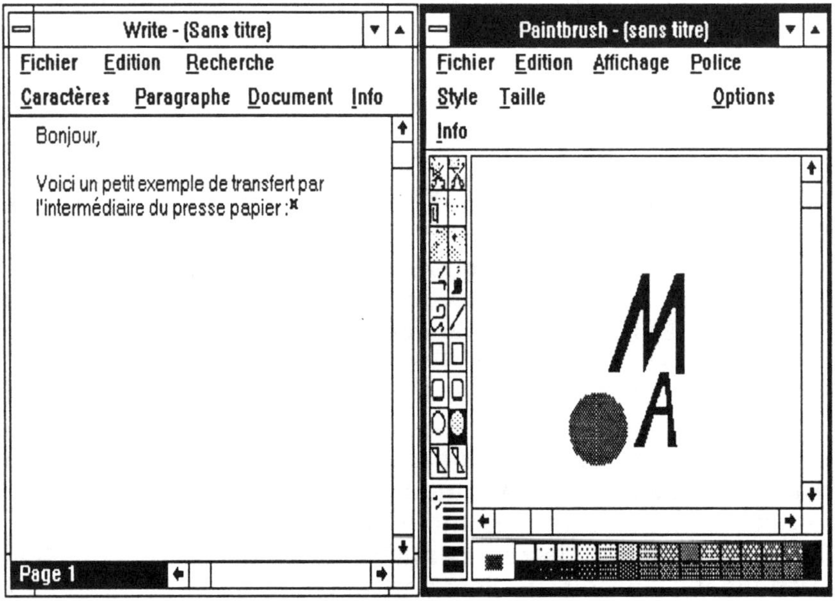

Figure 72 : MS WRITE et Paintbrush

Relâchez alors le bouton de la souris et déroulez le menu "Edition". Il renferme trois commandes d'accès au Presse-papiers. "Couper" copie la zone délimitée dans le Presse-papiers et la retire ensuite du dessin. "Copier" effectue la même opération en laissant le dessin intact. "Insérer" prend le contenu du Presse-papiers et l'insère dans le dessin. Il faut évidemment que le format des données déposées dans le Presse-papiers puisse être exploité par Paintbrush.

Déclenchez la commande "Copier" du menu "Edition". Puis activez le traitement de texte, cliquez sur l'endroit où vous voulez insérer le dessin et appelez la commande "Insérer" du menu "Edition" de MS Write. Windows insère aussitôt l'image dans le texte.

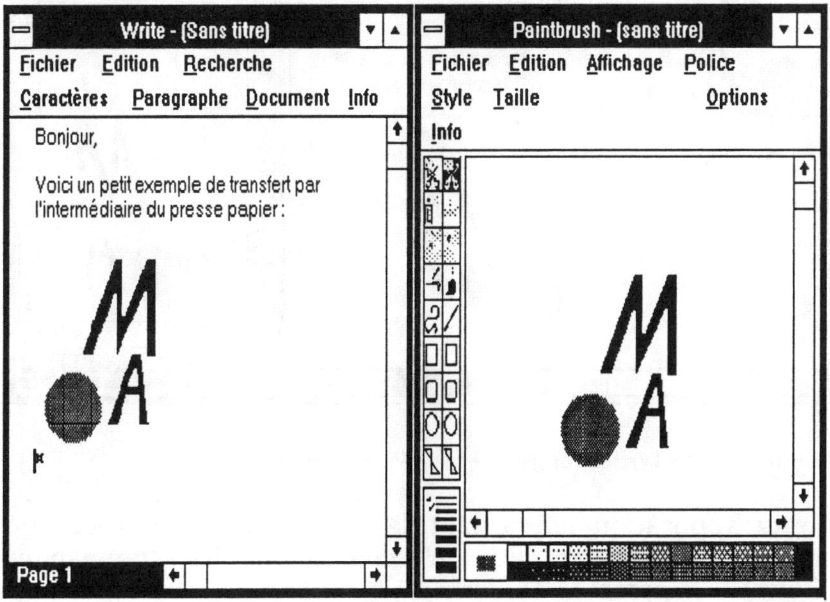

Figure 73 : Le résultat

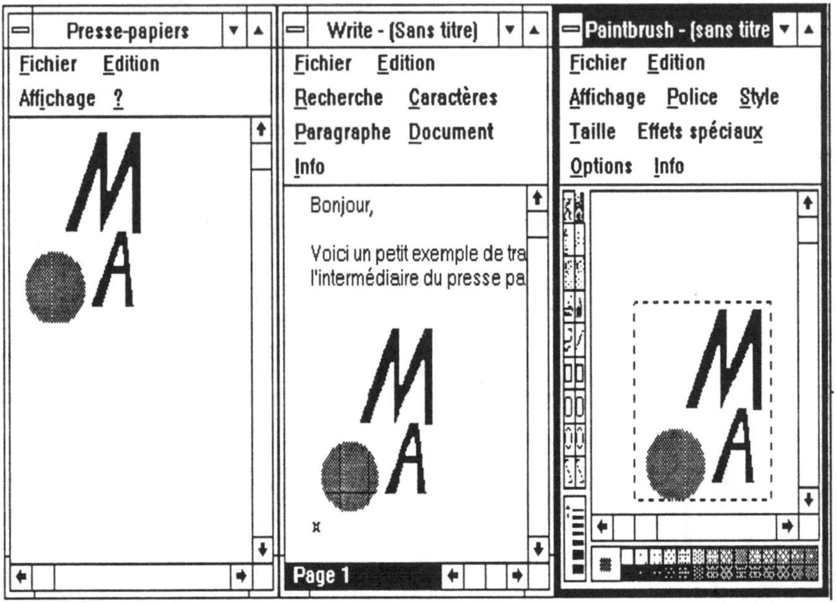

Figure 74 : MS Write, Paintbrush et le Presse-papiers

Toute application supportant le Presse-papiers possède en standard un menu "Edition" comportant les commandes "Couper", "Copier" et "Coller".

☞ *Qu'y a-t-il dans le Presse-papiers ?*

Dans le groupe principal du gestionnaire de fichiers se trouve une icône appelée "Presse-papiers". Lancez l'application correspondante et rangez le bureau par l'option "Mosaïque" de la liste de tâches que vous aurez appelée en cliquant deux fois sur un emplacement libre du bureau. Le fenêtre d'application du Presse-papiers affiche aussitôt le contenu du Presse-papiers, à condition que le format des données stockées puisse être exploité (Figure 74).

5.3 Personnalisation de l'environnement Windows

Le groupe principal du gestionnaire de programmes contient une icône appelée "Panneau de configuration". L'application correspondante vous permet de modifier librement un certain nombre de paramètres qui commandent l'aspect et le fonctionnement de l'environnement Windows.

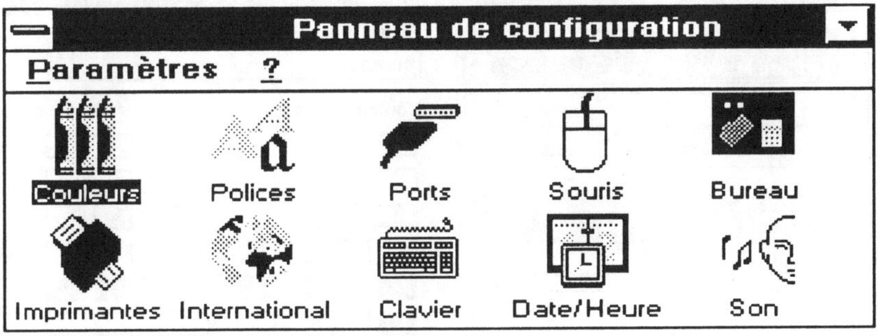

Figure 75 : La fenêtre de l'application "Panneau de configuration"

En haut à gauche vous pouvez apercevoir l'icône "Couleurs". Si vous cliquez deux fois dessus, il apparaît une boîte de dialogue qui vous permet de définir les couleurs du bureau et des fenêtres. Au milieu de la boîte une zone spéciale permet de voir à tout moment l'effet des combinaisons de couleurs choisies.

Déroulez la boîte des modèles de couleurs en cliquant sur la case qui porte une flèche vers le bas. Vous pouvez alors sélectionner le motif de votre choix. Dès que vous avez fixé le choix, cliquez sur "OK". Si vous actionnez le bouton "Annuler", vous êtes renvoyé à la fenêtre principale du Panneau de configuration sans modification des couleurs. Sinon les modifications sont enregistrées non seulement pour la durée de la présente session de Windows mais aussi pour les séances suivantes.

☞ *Définir sa propre combinaison de couleurs*

Si les combinaisons proposée ne vous plaisent pas, vous avez la possibilité de vous lancer dans une création personnelle. Il faut d'abord cliquer sur le bouton "Palette de couleurs >>" pour agrandir la fenêtre. Dans la partie droite de la boîte de dialogue vous voyez apparaître une boîte à liste déroulante qui vous permet de sélectionner un élément de l'écran. Vous pouvez alors affecter à cet élément une des couleurs affichées en dessous.

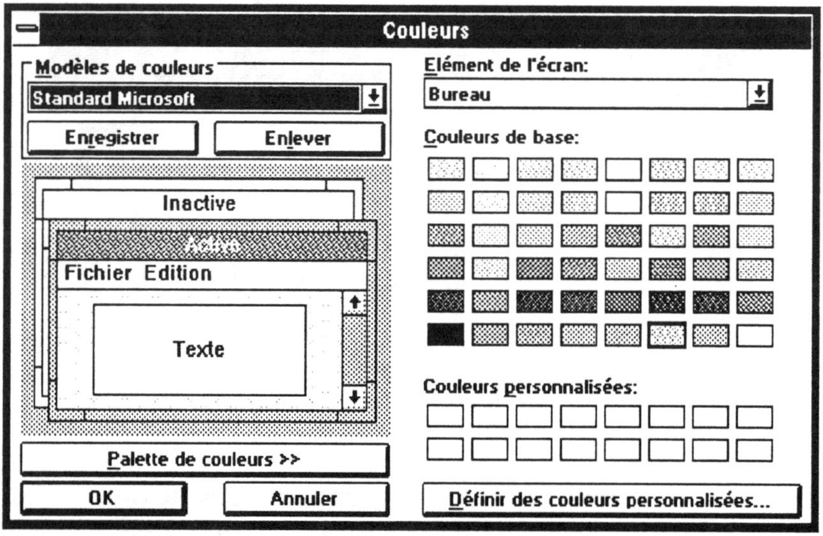

Figure 77 : Personnalisation des couleurs de Windows

Sélectionnez l'un après l'autre les éléments de l'écran dont vous souhaitez modifier la couleur. Pour cela déroulez la boîte et cliquez sur l'élément concerné. Vous avez le choix entre les éléments suivants :

➠ ***Bureau***

Couleur du fond aux emplacements sans fenêtre

➠ ***Espace de travail de l'application***

Zones situées à l'intérieur d'une fenêtre et dans lesquelles l'application n'effectue pas d'affichage. Correspond par exemple à l'espace libre entre les fenêtres de document exploitées par le gestionnaire de fichiers ou les gestionnaire de programmes.

➡ ***Fond de la fenêtre***

Couleur du fond d'une fenêtre ou d'une boîte de dialogue ordinaires

➡ ***Texte***

Couleur du texte affiché dans une fenêtre ordinaire

➡ ***Barre de menus***

Couleur de fond de la ligne qui affiche les entrées des menus

➡ ***Texte de la barre de menus***

Couleur du texte qui définit les entrées des menus

➡ ***Barre de titre active***

La dernière fenêtre sur laquelle l'utilisateur a cliqué est en général la fenêtre active qui recueille les frappes du clavier. La présente couleur est celle de la barre de titre de cette fenêtre.

➡ ***Barre de titre inactive***

A tout moment il ne peut y avoir qu'une seule fenêtre active. Les autres fenêtres sont inactives et se distinguent par une barre de titre de la présente couleur.

➡ ***Texte de la barre de titre***

Couleur du texte qui définit le titre de la barre

➡ ***Bordure active***

Pour que les fenêtres sans barre de titre puissent être distinguées selon qu'elles sont actives ou non, la couleur de leur cadre est différente. La présente couleur s'applique aux cadres des fenêtres actives.

➠ ***Bordure inactive***

Pour que les fenêtres sans barre de titre puissent être distinguées selon qu'elles sont actives ou non, la couleur du cadre est différente. La présente couleur s'applique aux cadres des fenêtres inactives.

➠ ***Filet de bordure***

Les options "Bordure active" et "Bordure inactive" concernent les fenêtres à bordure large. Il existe aussi des fenêtres à bordure étroite (par exemple la fenêtre "Panneau de configuration"). La présente couleur est celle de leur cadre. Notez que les fenêtres à bordure large sont également entourées par le filet de bordure.

➠ ***Barres de défilement***

La dernière option concerne la couleur de fond des barres de défilement.

Dès que vous avez choisi un élément dont vous souhaitez changer la couleur, cliquez sur une nuance de la palette.

☞ *Installer et configurer l'imprimante*

Au moment de l'installation de Windows, vous avez sauté l'étape de l'installation de l'imprimante. Vous allez maintenant pouvoir effectuer les opérations correspondantes. En cliquant deux fois sur l'icône "Imprimante" de la fenêtre "Panneau de configuration", vous provoquez l'ouverture d'une boîte de dialogue qui vous permet d'installer une imprimante ou d'en changer la configuration.

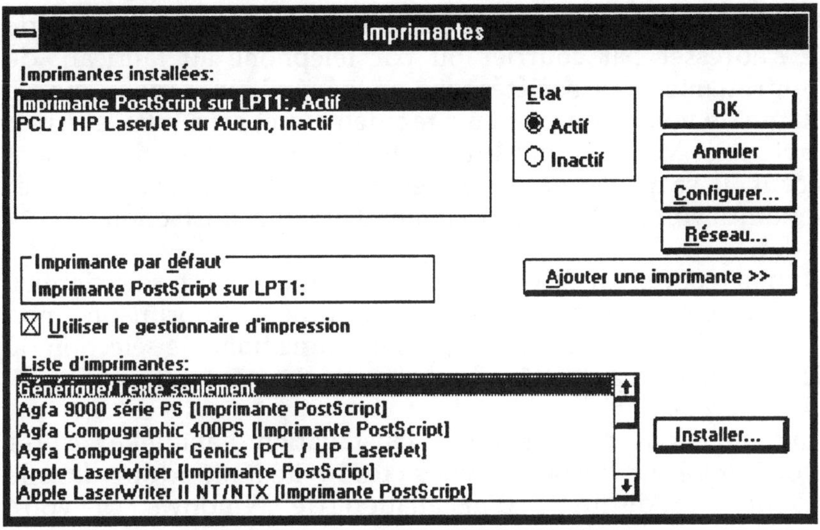

Figure 78 : Installation et configuration des imprimantes

☞ *Installer une nouvelle imprimante*

Dans la partie inférieure de la boîte de dialogue apparaît la zone de liste "Liste d'imprimantes". Elle contient les noms de toutes les imprimantes connues de Windows. La barre de défilement située à droite vous permet de vous déplacer dans la liste jusqu'à ce que vous trouviez l'imprimante recherchée. Cliquez dessus puis cliquez sur le bouton "Installer".

☞ *Windows ne connaît pas votre imprimante ?*

Si le nom de votre imprimante n'apparaît pas dans la liste, il n'y a pas lieu de s'inquiéter. La plupart des imprimantes à aiguilles sont compatibles avec l'un des modèles Epson (en respectant le nombre d'aiguilles). Pratiquement toutes les imprimantes à laser sont capables de fonctionner en émulant la LaserJet de HP. Si vous avez dépensé plus de 30000 FF pour votre imprimante à laser, elle est probablement de type Postscript. Dans ce cas, essayez le driver Postscript.

Si tous vos essais se soldent par des échecs, il est recommandé de s'adresser par courrier ou par téléphone au fabricant de l'imprimante. Ces sociétés ont en général un service qui se charge de vous faire parvenir rapidement et sans frais le driver approprié. Mais comme Windows 3.O est encore relativement récent, il se peut que vous deviez encore attendre quelques semaines voir quelques mois avant d'obtenir satisfaction.

Si vous recevez un driver de la part d'un fabricant, sélectionnez la dernière option de la liste intitulée "Imprimante non affichée". Vous verrez alors apparaître une boîte de sélection de fichier qui vous permettra de charger le nouveau driver.

Mais revenons maintenant à l'installation habituelle. Après avoir cliqué sur "Installer", vous êtes invité à introduire dans le lecteur une disquette d'installation de Windows. Si votre imprimante a été livrée avec un nouveau driver, ne mettez pas la disquette de Windows mais celle du nouveau driver. Si le chemin affiché dans la boîte de dialogue ne correspond pas au lecteur qui contient la disquette, modifiez-le. Puis cliquez sur OK. Windows transfère alors le driver sur le disque dur et affiche dans la zone de liste "Imprimantes installées" le nom de la nouvelle imprimante. Si vous n'aviez pas encore installé d'imprimante au préalable, Windows suppose qu'elle est branchée sur le port parallèle LPT1:. Le texte qui apparaît est du type : "Epson 24 aiguilles sur LPT1:, Actif"

☞ *Configurer une imprimante*

En cliquant sur OK vous pourriez quitter la boîte de dialogue puisque l'imprimante a été installée. Mais vous ne feriez pas appel à ses possibilités d'utilisation optimale. Par ailleurs certains drivers supposent que le papier utilisé est au format américain de 11 pouces alors qu'en France on utilise plutôt du 12 pouces ou de l'A4.

Pour configurer l'imprimante, cliquez sur le bouton "Configurer". Dans la boîte de dialogue "Imprimantes - Configurer" vous pouvez d'abord fixer le port auquel est relié l'imprimante : cliquez simplement sur l'option appropriée.

Figure 79 : Configuration d'une imprimante

Si vous cliquez sur "Installer", Windows affiche une nouvelle boîte de dialogue qui diffère d'un driver à l'autre car elle fait intervenir les différentes possibilités de l'imprimante concernée. Mais en principe les paramètres se ressemblent. Même si vous n'utilisez pas une imprimante à 24 aiguilles de type Epson, vous pouvez vous référer à la figure ci-dessous qui représente un cas standard d'imprimante à aiguille.

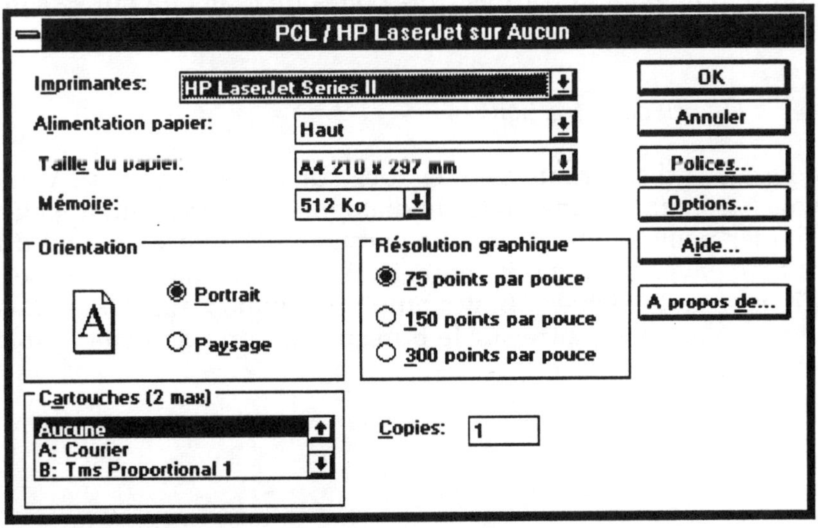

Figure 80 : Paramètres de configuration de l'imprimante HP LaserJet II

Dans la partie supérieure gauche de la fenêtre, vous pouvez choisir la résolution du graphique et des textes imprimés sous Windows. Si vous voulez imprimer des textes avec les polices de Windows, il est important de choisir des résolutions semblables dans le sens des deux axes X et Y, sinon vos caractères seront déformés.

la zone de liste suivante précise le modèle d'imprimante mis en service. Par défaut, il s'agit de la LQ-500/510 mais vous pouvez sélectionner le modèle de votre choix. Dans la zone "Alimentation", indiquez si vous travaillez avec du papier continu ("Tracteur") ou feuille à feuille ("Simple magasin"). La zone "Mode texte" vous permet de préciser la qualité des caractères : "Lettre" correspond à la qualité "NLQ", et "Epreuve" à "Draft". Dans le cas des imprimantes à chariot large (plus de 80 caractères), vous pouvez changer la largeur de la page. N'oubliez pas de fixer correctement la longueur de la page. Si vous disposez de polices supplémentaires, la dernière zone vous permet d'en faire part à Windows.

Pour terminer, notez que vous devez cliquer trois fois sur un bouton OK pour sortir des trois boîtes de dialogue qui se sont empilées sur le bureau.

☞ *Un peu de distraction*

Pour vous distraire un peu, cliquez sur l'icône "Bureau". Vous voyez apparaître une boîte de dialogue avec une liste appelée "Papier peint". Cette liste vous permet de "tapisser" le fond du bureau avec un motif enregistré sous forme de fichier. Choisissez le fichier "Boites.bmp" et cliquez sur OK. Vous verrez alors apparaître sur le bureau une sorte de boîte à trois dimensions.

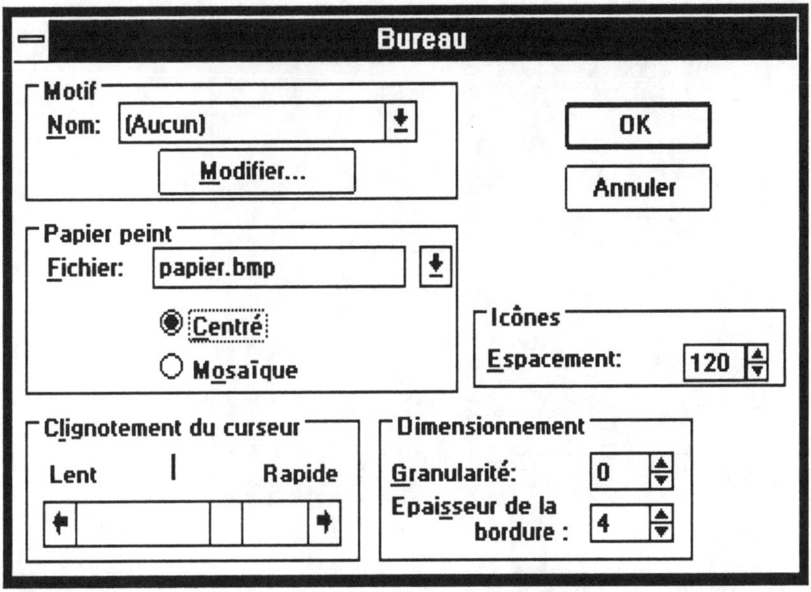

Boîte de dialogue pour choisir un fond

Si vous n'apercevez pas la boîte, c'est que l'option "Centré" a été activée : la boîte située au milieu de l'écran est alors recouverte par les fenêtres. Avec l'option "Mosaïque" vous pouvez multiplier les boîtes sur l'ensemble du bureau. Si tout cela vous semble un peu trop fantaisiste, cliquez deux fois sur l'icône "Bureau" et comme "Papier peint" choisissez l'option "Aucun". En cliquant sur OK, vous rétablissez l'aspect original (et sérieux) du bureau.

Papier peint en mode "centré" ...

... et en mode "mosaïque" !

NOTE : ☞ En mode réel, le fond du bureau n'est modifié que si vous quittez et relancez Windows.

5.4 Modification de l'installation

☞ *Pourquoi modifier l'installation ?*

Vous avez installé Windows et vous vous êtes donné beaucoup de mal pour effectuer les paramétrages souhaitables. C'est alors que survient l'événement perturbateur. Vous achetez une nouvelle carte graphique, une autre souris ou vous décidez de connecter votre PC à un réseau. Allez-vous être obligé de recommencer à zéro l'installation de Windows ? Non, il suffit de cliquer deux fois sur l'application "Windows Installation" située dans le groupe principal du gestionnaire de programmes. Mais ne manquez pas auparavant de lire attentivement ce chapitre, faute de quoi vous risquez de commettre une erreur qui effacera Windows et vous obligera à repartir de zéro.

☞ *Une nouvelle carte graphique*

En cas de changement de carte graphique, vous devez savoir que Windows suppose, au moment de modifier la configuration, que vous disposez encore de l'ancienne carte. Si vous aviez une carte EGA et si vous installez une carte VGA, il ne se pose pas de problème car les cartes VGA savent émuler les adaptateurs EGA. Mais il se peut que la nouvelle carte ne puisse émuler l'ancienne : la situation devient alors critique.

Le tableau suivant récapitule les cas possibles. Un astérisque indique l'absence de problème, tandis que le signe "-" repère les cas difficiles où vous serez obligé d'effectuer la modification avec l'ancienne carte avant de pouvoir installer la nouvelle.

Nouvelle carte	CGA	EGA	VGA mono	VGA	8514/a	Hercules
Ancienne carte						
CGA		•	•	•	•	-
EGA	-		•	•	•	-
VGA mono	-			•	•	-
VGA	-	-	-	-	•	-
8514/a	-	-	-	-		-
Hercules	-	-	-	-	-	

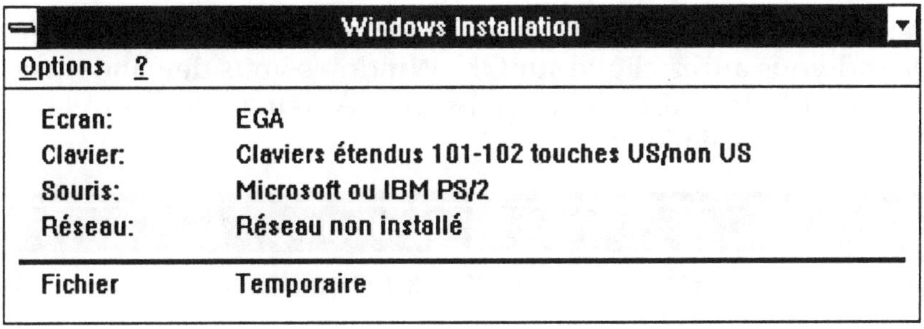

Figure 81 : Modification de l'installation de Windows

S'il y a un signe "-" dans le tableau, vous devez laisser l'ancienne carte dans l'ordinateur pour faire la modification. Après avoir déclenché "Windows Installation", déroulez le menu "Options" et sélectionnez la commande "Configurer le système". La boîte de dialogue qui apparaît alors affiche quatre zones de liste déroulante qui permettent de configurer l'écran, le clavier, la souris ou le réseau.

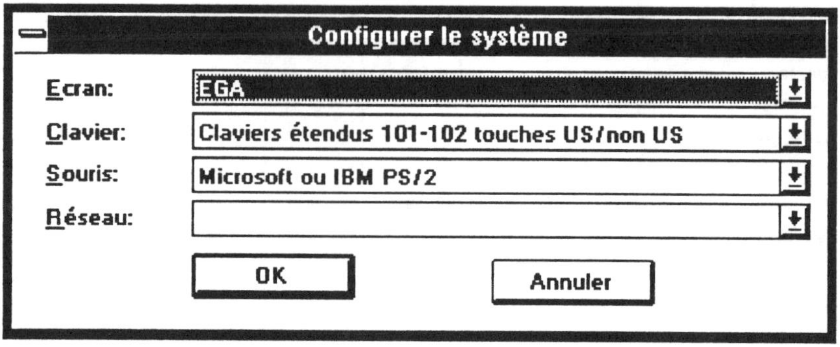

Figure 82 : Configuration du système

Déroulez la liste "Ecran" et sélectionnez la carte appropriée. Quand vous aurez cliqué sur OK, Windows vous demandera en général d'introduire dans le lecteur A l'une ou l'autre des disquettes d'installation.

Figure 83 : Introduisez la disquette demandée

Si vos disquettes d'installation ont le format de votre lecteur B:, tapez B: avant de cliquer sur OK. Dès que Windows a copié sur le disque dur les données nécessaires, la boîte de dialogue "Quitter l'installation" apparaît :

Si votre nouvelle carte est déjà connectée, vous pouvez cliquer sur "Relancer Windows". Sinon cliquez sur "Revenir à Dos" et changez la carte. A la prochaine utilisation de Windows, vous obtiendrez vos affichages dans la nouvelle résolution.

☞ *Changement de souris*

Le problème qui se pose est que vous avez déjà connecté la souris mais que Windows n'en a pas encore connaissance. Vous ne pouvez donc pas utiliser la nouvelle souris pour diriger l'installation : il va falloir recourir au bon vieux clavier. Le plus simple est de lancer simultanément Windows et Install. Si vous n'y êtes pas déjà, revenez donc au niveau de DOS puis tapez WIN INSTALL [ENTREE]. Une fois que Windows et Windows-Installation sont chargés, appuyez sur [ALT] + [O] et [C]. L'écran doit alors afficher la boîte de dialogue "Configurer le système". Activez la zone de liste "Souris" en appuyant deux fois sur [TAB]. Puis tapez la touche "Home" (ou "Pos1") pour parvenir au début de la liste. La touche de direction "Vers le bas" vous permet de progresser jusqu'à l'option souhaitée. La frappe de [ENTREE] déclenche alors l'installation. Lorsque Windows vous demande d'introduire une disquette, vous pouvez répondre en tapant [ENTREE]. Dans la dernière boîte de dialogue "Quitter Windows Installation", si vous tapez [ENTREE], vous relancez Windows.

☞ *Mémoire virtuelle en mode 836 étendu*

Lors de l'installation de Windows, le programme Install fixe automatiquement la quantité de mémoire virtuelle utilisable en mode 386 étendu. Si la valeur choisie par Windows ne vous convient pas, vous pouvez la changer. Pour le cas où vous disposeriez des logiciels PC TOOLS ou Norton Utilities, commencez par réorganiser le disque dur par Compress (PC TOOLS) ou SD (Norton Utilities). Ces programmes défragmentent le disque dur en redisposant les fichiers de façon que chacun d'eux soit constitué par des blocs continus. A la suite de ce traitement, l'espace libre sur le disque forme également une zone sans discontinuité, ce qui augmente la capacité virtuelle.

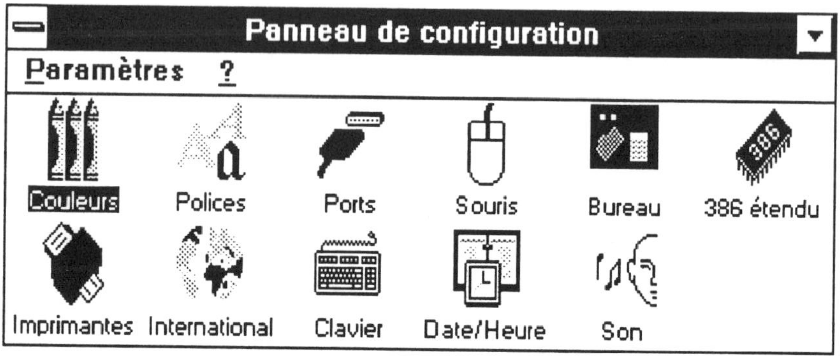

Figure 84 : La fenêtre de l'application "Panneau de configuration" en mode 386 étendu.

Pour changer la taille maximale de la mémoire virtuelle, entrez au niveau de DOS les commandes suivantes :

```
C:- [ENTREE]
CD \ [ENTREE]
CD WINDOWS [ENTREE]
CD SYSTEM [ENTREE]
WIN /R SWAPFILE [ENTREE]
```

Si la fenêtre reproduite ci-dessous apparaît sur votre écran, c'est que le disque dur contient déjà un fichier d'échange Windows permanent. Lorsqu'un tel fichier est présent, la mémoire virtuelle utilisée en mode 386 étendu ne peut pas être réduite en raison de la fragmentation du disque. Mais en contrepartie vous immobilisez quelques Mo de disque dur qui risquent de manquer pour d'autres applications. L'espace correspondant est indisponible même si vous n'utilisez pas Windows. Pour effacer le fichier d'échange déjà installé, cliquez sur la zone "Supprimer le fichier d'échange courant" et confirmez par OK. Une deuxième confirmation vous est demandée par une boîte de dialogue supplémentaire. Quand vous relancerez Windows en mode 386 étendu, le logiciel constituera de lui-même un fichier d'échange qui dépendra de la place contiguë disponible sur le disque et de la mémoire vive restante.

Si vous cliquez sur "Supprimer le fichier d'échange courant et créer un nouveau" et sur OK, Windows affiche une note d'information puis si vous poursuivez par OK une boîte de dialogue qui vous permet de fixer la taille du fichier d'échange permanent. Si au moment de l'appel de Swapfile il n'existait pas encore de fichier d'échange, cette boîte apparaît directement.

La taille maximale du fichier est indiquée dans la ligne "Plus grande taille possible pour le fichier d'échange". Introduisez la taille désirée dans la zone "Taille du fichier d'échange". Pour créer le fichier, cliquez sur "Créer". Windows vous informe du résultat de la procédure dans une fenêtre que vous refermerez en cliquant comme d'habitude sur OK.

NOTE : ☞ Sur un 386 utilisant de la mémoire paginée, il est pratiquement impossible de faire tourner Windows en mode 386 étendu. Pour y parvenir, il faut enlever le gestionnaire EMS du fichier CONFIG.SYS, puis insérer à la place la ligne suivante :

```
DEVICE=C:\WINDOWS\SYSTEM\HIMEM.SYS
```

Pour plus de détails concernant ce driver, voir la documentation fournie avec Windows 3.

5.5 Lancer des applications au démarrage de Windows

Dans le répertoire c:\WINDOWS se trouve un fichier appelé WIN.INI qui contient divers paramètres. Vous pouvez notamment indiquer une liste d'applications qui seront chargées automatiquement au moment du lancement de Windows.

Attention : ☞ En aucun cas vous ne devez modifier le fichier WIN.INI avec un éditeur fonctionnant sous Windows. Il faut soit utiliser un éditeur sous DOS, soit effectuer une copie de WIN.INI, éditer la copie à l'aide du Bloc-notes de Windows et recopier le fichier transformé dans WIN.INI au niveau de DOS !

Appelez un éditeur de votre choix : il doit être capable de traiter des textes ASCII. AU début du fichier WIN.INI vous verrez, sous [Windows], les lignes

```
load=
```

et

```
run=
```

A la suite de "load=", écrivez les noms des applications qui doivent être chargées et représentées sous forme d'icônes. S'il y a plusieurs programmes, leurs noms doivent être séparés par un espace.

A la suite de "run=", tapez les noms des applications qui doivent être chargées et apparaître sous forme de fenêtres. Supposons à titre d'exemple que vous vouliez charger l'horloge et le gestionnaire de fichiers et que ces applications doivent apparaître à l'état d'icônes. Vous introduirez la ligne :

```
load=clock winfile
```

ou

```
load=clock.exe winfile.exe
```

Mais il ne faudrait pas écrire :

```
load=Horloge Gestionnaire de Fichiers
```

Une fois les modifications effectuées, sauvegardez le fichier et relancez Windows à titre de test.

5.6 Si vous tombez sur un problème...

...vous avez deux possibilités. Vous pouvez compulser le manuel de Windows ou faire appel à l'aide en ligne, une sorte de base de données qui contient des explications sur un grand nombre de sujets. Cette base de données se consulte évidemment de l'intérieur de Windows. Mais il faut que l'application en cours possède une interface adaptée. Il s'agit généralement d'un bouton ou d'une entrée de menu appelés "Aide" ou "?".

☞ *Appel à l'aide*

Déroulez le menu d'aide de l'application en cours. Vous y trouverez en général plusieurs options. Avec le gestionnaire de programmes, les options sont les suivantes :

➡ ***Index***

Appelle la commande d'aide en affichant une liste de rubriques disponibles. En principe l'index vous permet d'accéder à toute l'aide existante.

➡ ***Clavier***

Affiche un texte d'aide sur l'utilisation du clavier

➡ ***Fonctions de base***

Sélectionne une partie du fichier d'aide concernant le maniement de base des fenêtres et des menus

➡ ***Commandes***

Explique les commandes des menus

➡ ***Procédures***

Explique au débutant comment obtenir un résultat donné. Cette sections est ordonnée par thèmes et non par menus.

➡ ***Glossaire***

Affiche une liste de mots et d'expressions techniques

➡ ***Utiliser l'aide***

Affiche un texte qui explique comment se servir des fonctions d'Aide de Windows

Quelle que soit l'option que vous appeliez (sauf "Utiliser de l'aide") vous pourrez toujours changer de sujet.

Pour vous faire une première idée sur l'efficacité de l'aide, déclenchez l'option "Index" du menu d'aide ("?") du gestionnaire de programmes. La fenêtre d'aide apparaît mais elle est trop petite : agrandissez-la ou cliquez carrément sur la case de plein écran. La dimension fixée sera réutilisée au prochain appel à l'aide.

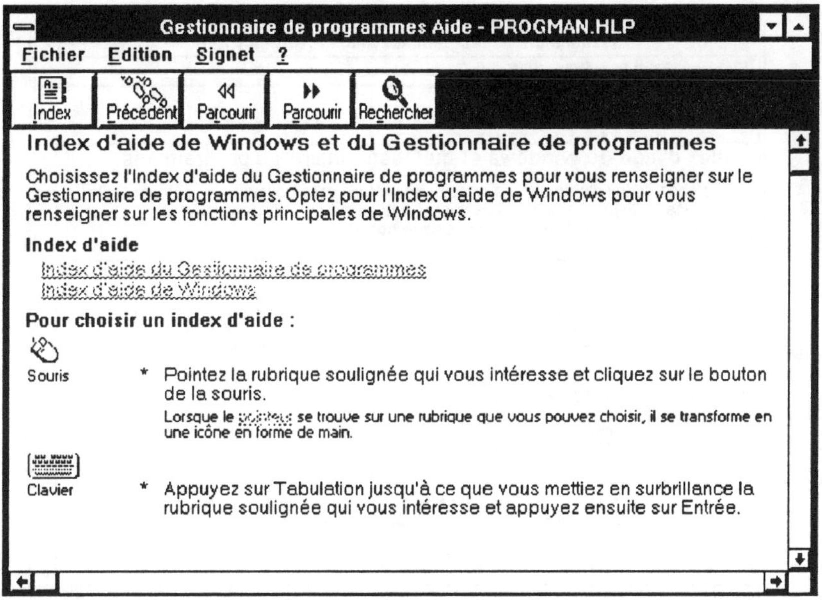

Figure 85 : La fenêtre d'aide de Windows

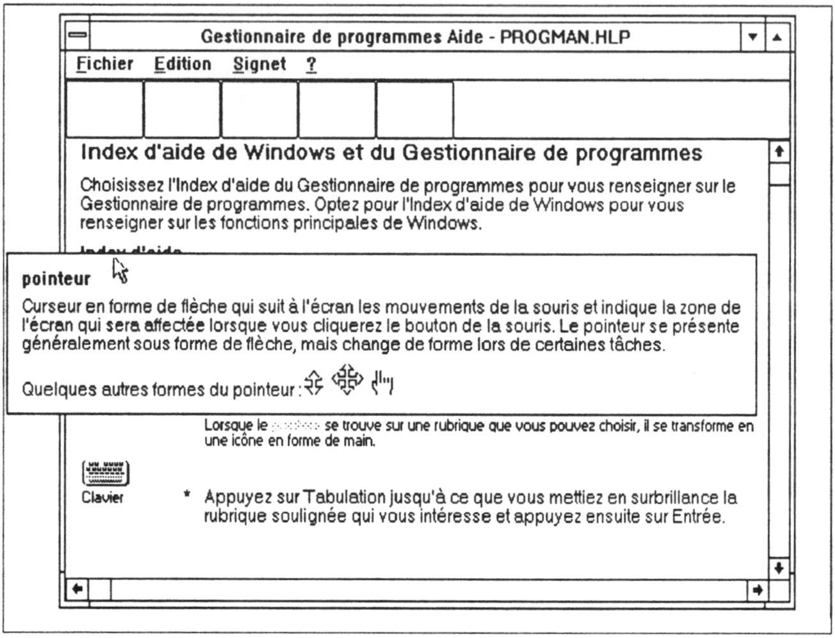

Figure 86 : Explication d'un mot souligné

☞ *Mots soulignés en pointillé*

Si vous observez attentivement le texte, vous verrez que certains mots sont soulignés en trait plein, d'autres en pointillé. Sur un moniteur couleur, les mots en question sont affichés en gris ou en vert. Les mots soulignés en pointillés permettent d'afficher une explication pendant qu'on clique dessus. Ainsi dans l'index de Windows et du gestionnaire de programmes vous trouverez le mot "Pointeur" avec un soulignement en pointillé. Si vous déplacez la souris sur ce mot et si vous cliquez dessus en maintenant le bouton enfoncé, vous verrez apparaître une petite fenêtre qui explique la notion de pointeur. Dès que vous relâchez le bouton de la souris, l'explication disparaît (Figure 86).

☞ *Mots soulignés en trait plein*

Les mots soulignés en trait plein renvoient à d'autres sujets et d'autres pages du fichier d'aide. Ils constituent des références croisées. Si vous cliquez par exemple sur "Index d'aide de Windows", vous voyez apparaître une récapitulation sommaire du contenu de l'index.

Les barres de défilement de la fenêtre d'aide vous permettent de jeter un coup d'oeil sur ce texte. Vous constaterez qu'il n'occupe que quelques pages. Les textes d'aide ne forment pas une suite continue mais sont conçus pour être consultés par références croisées et menus.

☞ *Retour à l'index*

Une fois que les références croisées vous ont permet de vous familiariser avec un problème, vous souhaitez peut-être vous documenter sur un autre sujet. Il suffit de cliquer sur le bouton "Index" pour revenir à l'index du fichier d'aide.

☞ *Retour à la racine*

Windows mémorise la séquence des textes d'aide appelés. En cliquant sur le bouton "Précédent", vous pouvez revenir au texte appelé juste auparavant. Un nouveau clic vous amène encore en arrière et ainsi de suite, jusqu'à ce que vous ayez atteint le plus haut niveau dans la hiérarchie du fichier d'aide : la commande "Précédent" ne vous ramène pas forcément à l'index.

☞ *Parcourir un niveau d'aide*

Les boutons "<< Parcourir" et ">> Parcourir" permettent de consulter séquentiellement les textes d'aide situés à un niveau donné de la structure d'aide.

☞ *Recherche ciblée*

Le bouton "Rechercher" situé sous la barre de menus déclenche une boîte de dialogue qui affiche une zone de liste. Si vous choisissez un sujet et cliquez sur "Rechercher", Windows recherche les textes d'aide qui traitent du sujet en question. Les sujets trouvés sont affichés dans une deuxième zone de liste (mais en règle générale Windows n'en trouvera qu'un seul). En cliquant sur le sujet désiré et sur "Aller à", vous pouvez faire afficher le texte associé. Vous pouvez aussi quitter la boîte de dialogue en cliquant sur "Annuler" si le résultat ne vous convient pas.

☞ *Affichage permanent des textes d'aide*

La fonction d'aide ne vous empêche pas de continuer à travailler avec l'application en cours. Si vous ne vous sentez pas très sûr dans le maniement d'une application, appelez tout de suite l'aide puis cliquez deux fois sur le bureau pour obtenir la liste des tâches et ranger les fenêtres côte à côte (en mosaïque). Dès que vous avez besoin d'aide, vous pouvez soit progresser à votre convenance dans la fenêtre d'aide, soit utiliser le menu d'aide de l'application. Dans ce dernier cas, aucune nouvelle fenêtre ne sera ouverte mais le texte explicatif s'affichera dans la fenêtre déjà présente. Ce mécanisme fonctionne même si vous travaillez avec plusieurs applications. La fenêtre d'aide affichera une explication en relation avec la demande issue de l'application en cours.

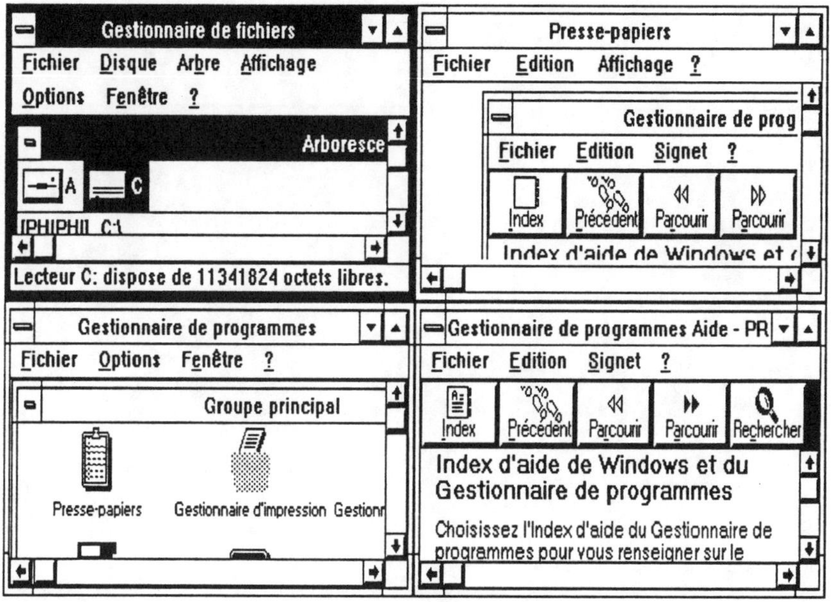

Figure 87 : Fenêtre d'aide au milieu de trois applications

6. Récapitulation des applications fournies

6.1 Groupe principal

➠ *Gestionnaire de programmes*

Gère les fichiers et les répertoires ainsi que les disques et disquettes

➠ *Panneau de configuration*

Permet de paramétrer l'environnement de travail de Windows

➠ *Gestionnaire d'impression*

Programme appelé par Windows pour effectuer les impressions en arrière-plan avec un fichier tampon

➠ *Presse-papiers*

Affiche le contenu du Presse-papiers lorsque son format est connu

➠ *Windows Installation*

Permet de reconfigurer a posteriori le matériel

➠ *Commande DOS*

Appelle le shell MS-DOS

6.2 Accessoires

➠ *Write*

Traitement de texte simplifié, capable d'intégrer des dessins et de gérer des polices à espacement proportionnel

➡ ***Paintbrush***

Version Windows du célèbre programme de dessin mais qui ne possède pas toutes les fonctions de la version DOS

➡ ***Terminal***

Programme de communication qui permet notamment de transférer des données par téléphone au moyen d'un modem.

➡ ***Bloc-Notes***

Editeur simplifié de textes ASCII

➡ ***Enregistreur***

Utilitaire permettant d'enregistrer les déplacements de la souris et les frappes du clavier pour constituer des "macros" exécutables.

➡ ***Répertoire***

Mini-base de données simulant un bac de fiches. Suffisant pour mémoriser quelques adresses mais ne convient pas pour de grandes quantités de données.

➡ ***Agenda***

Affiche un calendrier journalier et mensuel et permet de gérer des rendez-vous

➡ ***Calculatrice***

Emule au choix une calculatrice standard ou une calculatrice scientifique

➡ ***Horloge***

Affiche une horloge analogique ou digitale qui continue de tourner pendant qu'elle est réduite à l'état d'icône.

➠ *Pifedit*

Utilitaire permettant de paramétrer l'exécution de programmes DOS sous Windows

6.3 Les caractères sous Windows

Windows et Dos n'utilisent pas le même jeu de caractères. Tant qu'il s'agit des caractères ASCII de 32 à 127, il n'existe pas de différence. Mais les caractères 128 à 255 sont disposés différemment. Comme les caractères spéciaux français ("çéêèàù..") sont situés dans cette plage, les textes qui utilisent ces caractères ne sont pas directement échangeables entre applications DOS et applications Windows.

☞ *Conversion de textes DOS en textes Windows*

Pour convertir les textes DOS en textes Windows, vous pouvez utiliser le traitement de texte "MS Write" qui se trouve dans le groupe "Accessoires" du gestionnaire de programmes. Ouvrez d'abord le groupe "Accessoires" et cliquez deux fois sur l'icône "Write". La fenêtre d'application de MS Write apparaît alors à l'écran.

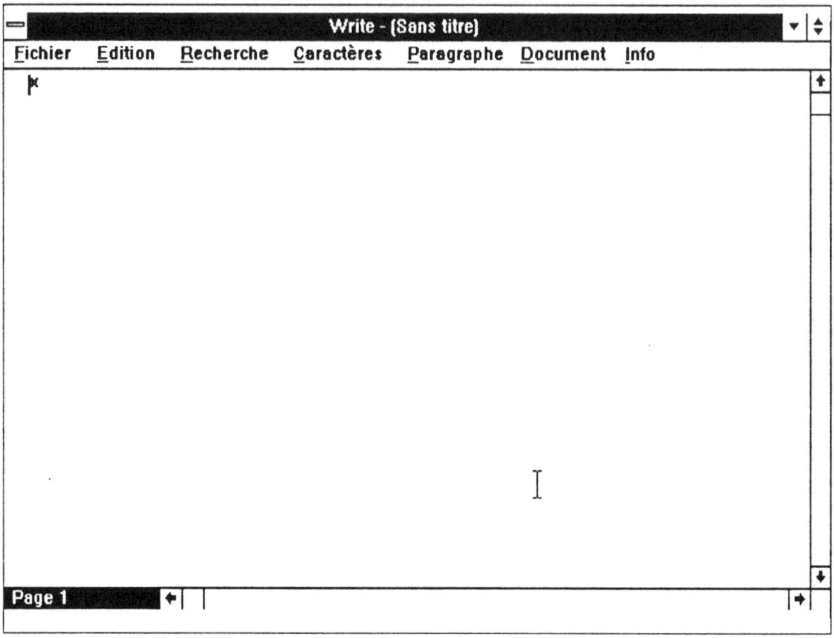

Figure 88 : Le traitement de texte MS Write

Appelez la commande "Ouvrir" du menu "Fichier". La boîte de sélection qui apparaît vous permet de choisir le fichier à convertir. Cliquez ensuite sur OK. Le logiciel demande alors s'il doit convertir le texte. Cliquez sur "Convertir". La fenêtre disparaît.

Figure 89 : Faut-il convertir ?

Appelez alors la commande "Enregistrer sous" du menu "Fichier". Dans la boîte de dialogue qui surgit tapez le nom du fichier et veillez à ce que les cases à cocher aient les valeurs suivantes :

Copie de secours : `indifférent`
Texte seul : `coché`
Format Microsoft Word : `non coché`

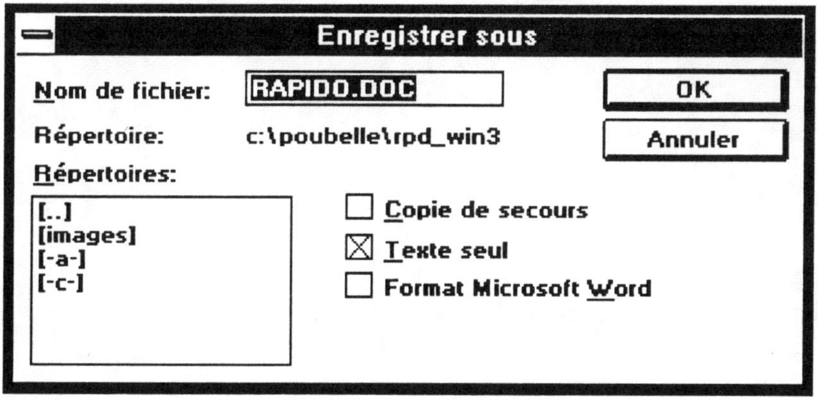

Figure 90 : Enregistrement du fichier converti

Dès que vous cliquez sur OK, Write enregistre le fichier avec des caractères adaptés à Windows.

☞ *Conversion de textes Windows en textes DOS*

La conversion peut aussi s'effectuer en sens inverse. Lancez MS Write, appelez la commande "Ouvrir" du menu "Fichier" et chargez le fichier concerné. Lorsque Write demande s'il doit convertir le fichier, cliquez sur "Pas de conversion". Appelez ensuite la commande "Enregistrer sous" du menu "Fichier", indiquez le nom du fichier, cochez les cases conformément aux indications ci-dessous et validez par OK. Le fichier de destination peut à nouveau être utilisé sous DOS.

Copie de secours	:	indifférent
Texte seul	:	coché
Format Microsoft Word	:	coché

Attention : ☞ Les jeux de caractères de Windows et de DOS ne contiennent pas les mêmes caractères. Il se peut donc que certains caractères ne puissent pas être convertis. Si vous avez des doutes à ce sujet, vous pouvez consulter les tableaux suivants :

Décimal	Hexadécimal	Caractère	Décimal	Hexadécimal	Caractère	Décimal	Hexadécimal	Caractère	Décimal	Hexadécimal	Caractère
0	00		1	01	☺	2	02	☻	3	03	♥
4	04	♦	5	05	♣	6	06	♠	7	07	•
8	08	◘	9	09	○	10	0A	◙	11	0B	♂
12	0C	♀	13	0D	♪	14	0E	♫	15	0F	☼
16	10	►	17	11	◄	18	12	↕	19	13	‼
20	14	¶	21	15	§	22	16	▬	23	17	↨
24	18	↑	25	19	↓	26	1A	→	27	1B	←
28	1C	∟	29	1D	↔	30	1E	▲	31	1F	▼
32	20		33	21	!	34	22	"	35	23	#
36	24	$	37	25	%	38	26	&	39	27	'
40	28	(	41	29	)	42	2A	*	43	2B	+
44	2C	,	45	2D	-	46	2E	.	47	2F	/
48	30	0	49	31	1	50	32	2	51	33	3
52	34	4	53	35	5	54	36	6	55	37	7
56	38	8	57	39	9	58	3A	:	59	3B	;
60	3C	<	61	3D	=	62	3E	>	63	3F	?
64	40	@	65	41	A	66	42	B	67	43	C
68	44	D	69	45	E	70	46	F	71	47	G
72	48	H	73	49	I	74	4A	J	75	4B	K
76	4C	L	77	4D	M	78	4E	N	79	4F	O
80	50	P	81	51	Q	82	52	R	83	53	S
84	54	T	85	55	U	86	56	V	87	57	W
88	58	X	89	59	Y	90	5A	Z	91	5B	[
92	5C	\	93	5D	]	94	5E	^	95	5F	_
96	60	`	97	61	a	98	62	b	99	63	c
100	64	d	101	65	e	102	66	f	103	67	g
104	68	h	105	69	i	106	6A	j	107	6B	k
108	6C	l	109	6D	m	110	6E	n	111	6F	o
112	70	p	113	71	q	114	72	r	115	73	s
116	74	t	117	75	u	118	76	v	119	77	w
120	78	x	121	79	y	122	7A	z	123	7B	{
124	7C	¦	125	7D	}	126	7E	~	127	7F	⌂

Décimal	Hexadécimal	Caractère	Décimal	Hexadécimal	Caractère	Décimal	Hexadécimal	Caractère	Décimal	Hexadécimal	Caractère
128	80	Ç	129	81	ü	130	82	é	131	83	â
132	84	ä	133	85	à	134	86	å	135	87	ç
136	88	ê	137	89	ë	138	8A	è	139	8B	ï
140	8C	î	141	8D	ì	142	8E	Ä	143	8F	Å
144	90	É	145	91	æ	146	92	Æ	147	93	ô
148	94	ö	149	95	ò	150	96	û	151	97	ù
152	98	ÿ	153	99	Ö	154	9A	Ü	155	9B	¢
156	9C	£	157	9D	¥	158	9E	₧	159	9F	ƒ
160	A0	á	161	A1	í	162	A2	ó	163	A3	ú
164	A4	ñ	165	A5	Ñ	166	A6	ª	167	A7	º
168	A8	¿	169	A9	⌐	170	AA	¬	171	AB	½
172	AC	¼	173	AD	¡	174	AE	«	175	AF	»
176	B0	░	177	B1	▒	178	B2	▓	179	B3	│
180	B4	┤	181	B5	╡	182	B6	╢	183	B7	╖
184	B8	╕	185	B9	╣	186	BA	║	187	BB	╗
188	BC	╝	189	BD	╜	190	BE	╛	191	BF	┐
192	C0	└	193	C1	┴	194	C2	┬	195	C3	├
196	C4	─	197	C5	┼	198	C6	╞	199	C7	╟
200	C8	╚	201	C9	╔	202	CA	╩	203	CB	╦
204	CC	╠	205	CD	═	206	CE	╬	207	CF	╧
208	D0	╨	209	D1	╤	210	D2	╥	211	D3	╙
212	D4	╘	213	D5	╒	214	D6	╓	215	D7	╫
216	D8	╪	217	D9	┘	218	DA	┌	219	DB	█
220	DC	▄	221	DD	▌	222	DE	▐	223	DF	▀
224	E0	α	225	E1	β	226	E2	Γ	227	E3	π
228	E4	Σ	229	E5	σ	230	E6	µ	231	E7	τ
232	E8	Φ	233	E9	Θ	234	EA	Ω	235	EB	δ
236	EC	∞	237	ED	ø	238	EE	ε	239	EF	∩
240	F0	≡	241	F1	±	242	F2	≥	243	F3	≤
244	F4	⌠	245	F5	⌡	246	F6	÷	247	F7	≈
248	F8	°	249	F9	∙	250	FA	·	251	FB	√
252	FC	ⁿ	253	FD	²	254	FE	■	255	FF	

Certaines applications Windows peuvent également travailler avec le jeu de caractères DOS. Si vous avez le choix entre plusieurs jeux et si vous trouvez le jeu "Terminal", il s'agit du jeu de caractères DOS.

6.4 Trucs et astuces

Ne pas installer Windows avec la résolution maximale

Si vous utilisez une carte graphique 8514/a (256 couleurs en 1024x768 points) sur un AT à 12 Mhz ou un 386SX, vous trouverez que l'affichage de Windows est un peu lent, spécialement lors du déplacement ou de la création des fenêtres. Il n'y a pas de raison de s'en étonner : la carte 8514/a nécessite 768 Ko de mémoire d'écran qu'il n'est pas facile d'exploiter avec un ordinateur lent. Une carte graphique doit toujours être utilisée en harmonie avec les possibilités de l'ordinateur, notamment sa vitesse. Si tel n'est pas le cas, il peut être avantageux d'installer Windows avec une résolution d'écran inférieure à la résolution maximale. Une fois que vous avez installé deux résolutions (une haute et une basse), le programme d'installation ne vous demandera plus d'insérer les disquettes d'origine. Vous pourrez alors changer de configuration en l'espace de quelques secondes.

6.5 Emulation de Windows 2.xx

Lorsqu'un utilisateur qui ne connaît pas Windows 3 travaille avec votre version de Windows vous pouvez lui simuler l'environnement de Windows 2.xx. Si vous lancez Windows par WIN MSDOS [ENTREE], le programme qui s'exécute est le programme appelé MSDOS.EXE du répertoire Windows : il correspond au programme principal de Windows 2.xx. Si vous avez des anciennes applications Windows qui ne fonctionnent pas en mode standard ou 386 étendu, vous pouvez les lancer par WIN /r MSDOS [ENTREE].

Figure 91 : "Emulation" de Windows 2.xx

Vous pouvez aussi créer dans le gestionnaire de programmes une icône qui déclenche MSDOS.EXE. Pour cela appelez la commande "Nouveau" du menu "Fichier", cliquez sur "Programme" et OK, puis lorsqu'apparaît la boîte "Propriétés de programme" tapez dans la zone "Nom" : Windows 2.xx ou quelque chose de semblable. Cliquez ensuite sur la zone "Ligne de commande", tapez "MSDOS.EXE" et confirmez par OK.

Glossaire

➠ *Actif*

Lorsque parmi plusieurs objets (fenêtres, icônes, entrées) un seul peut être sélectionné pour être soumis à diverses commandes, l'objet en question est appelé actif. Les autres objets sont alors inactifs.

➠ *Application*

Synonyme de "programme".

➠ *Applications Windows*

Applications spécialement développées pour Windows et qui supportent intégralement son interface graphique.

➡ *Barre de défilement*

Imitation par Windows d'une réglette sur laquelle coulisse un curseur. Sert à fixer une valeur ou à sélectionner un extrait.

➡ *Barre de titre*

La barre de titre d'une fenêtre affiche en général le nom de la fenêtre. Elle peut aussi contenir la case du menu Système et deux cases pour agrandir ou réduire la fenêtre.

➡ *Boîte de dialogue*

Fenêtre ayant pour objet de recueillir des données entrées par l'utilisateur ou d'afficher une information qui disparaît après validation.

➡ *Boîte à liste déroulante*

Sert à sélectionner un élément d'une liste en ne présentant qu'une ligne au départ. Prend moins de place qu'une zone de liste classique.

➡ *Bouton*

Surface imitant à l'écran l'aspect d'un interrupteur. Si vous cliquez sur un bouton, Windows déclenche une commande.

➡ *Bureau*

Désigne la zone de l'écran utilisée par Windows pour afficher les fenêtres d'application.

Cases d'option

Boutons servant à sélectionner une rubrique unique parmi un ensemble de rubriques qui s'excluent mutuellement.

➡ *Chemin d'accès*

Description des répertoires à parcourir pour parvenir à un sous-répertoire donné, par exemple :

```
C:\WINDOWS\WORD\TEXTE.
```

➡ *Confirmation ou validation*

Opération qui permet à Windows de savoir si ce que vous avez tapé ou choisi est définitif. Même les fenêtres d'information destinées à la seule lecture sont soumises à validation. La plupart du temps la confirmation ou validation se fait en cliquant sur le bouton OK.

➡ *Déplacer*

Pour déplacer un objet (par exemple une icône), pointez-le, appuyez sur le bouton gauche de la souris et en le maintenant enfoncé tirez l'objet à l'endroit où vous voulez le déposer. Une fois parvenu à cet endroit, relâchez le bouton de la souris.

➡ *Double clic*

Consiste à appuyer deux fois de suite à intervalle très rapproché sur le bouton gauche de la souris. En cliquant deux fois sur une option, on déclenche en général la commande associée.

➡ *Fenêtre*

Zone de l'écran dans laquelle s'exécute une application. L'emplacement et la taille de la fenêtre sont fixés par l'application. Les fenêtres peuvent éventuellement se recouvrir.

➡ *Fenêtre d'application*

La plupart des applications Windows s'exécutent en ouvrant une fenêtre qui sert à afficher les résultats, proposer un menu, etc. : c'est la fenêtre d'application. Les autres fenêtres mises en oeuvre par le programme (par exemple les boîtes de dialogue et les fenêtres de document) ne sont pas des fenêtres d'application.

➟ *Fenêtre de document*

Propre à l'architecture de programme MDI, une fenêtre de document est crée par et pour une application déterminée. Elle est en général comprise dans la fenêtre de l'application et ne peut en sortir : elle est incluse sur l'écran de l'application.

➟ *Fenêtre de groupe ou groupe*

Fenêtre de document du gestionnaire de programmes qui affiche les icônes des applications immédiatement exécutables.

➟ *Fenêtre de répertoire*

Fenêtre de document du gestionnaire de fichiers qui affiche le contenu d'un répertoire

➟ *Fermeture*

Pour terminer une application ou une commande, il suffit le plus souvent de refermer la fenêtre associée.

➟ *Icône*

Petit dessin symbolisant un fichier, une application, une commande, etc.

➟ *Icône d'application*

Lorsqu'une fenêtre d'application est réduite à l'état d'icône, l'icône correspondante s'appelle une icône d'application. Elle vient se ranger au bas du bureau.

➟ *Jeu de caractères ANSI*

En règle générale Windows exploite le jeu de caractères ANSI. Par rapport au jeu OEM utilisé par DOS, le jeu ANSI présente l'avantage de contenir tous les caractères spéciaux en usage dans les principaux pays. Les caractères spéciaux du jeu OEM varient en fonction du pays d'utilisation. Il contient par ailleurs divers caractères graphiques que ne connaît pas le jeu ANSI. Les textes peuvent être librement convertis d'un jeu à l'autre à condition de ne contenir que les caractères communs aux deux jeux.

➠ *Jeu de caractères OEM*

Jeu de caractères habituellement utilisés par les applications DOS. Il contient les principaux caractères particuliers à chaque pays ("éêèàçù") mais varie d'un pays à l'autre. Il contient aussi divers caractères graphiques qui permettent de dessiner des filets et des cadres. Les applications Windows utilisent en général le jeu ANSI à la place du jeu OEM.

➠ *Menu*

De nombreuses fenêtres d'application présentent sous la barre de titre une barre de menus qui contient des intitulés de menus. Lorsqu'on a déroulé un menu, on peut accéder à ses différentes commandes

➠ *Mode 386 étendu*

Mode d'exploitation de Windows qui fait appel à la mémoire virtuelle. Ne fonctionne que sur les ordinateurs munis d'un processeur 80386 et de 2 Mo de mémoire vive (minimum pour être "à l'aise" !).

➠ *Mode réel*

Mode d'exploitation de Windows qui garantit la compatibilité avec les applications développées pour les versions antérieures (1.xx et 2.xx). Le mode réel n'utilise pas la mémoire étendue.

➠ *Mode standard*

Mode d'exploitation de Windows sur un AT muni au minimum de 640 Ko de mémoire vive et de 256 Ko de mémoire étendue.

Contrairement au mode 386 étendu, le mode standard n'utilise pas de mémoire virtuelle.

➡ *Nom de fichier*

Tout fichier possède un nom avec une partie principale de 8 caractères au maximum et une extension facultative de trois caractères au plus.

➡ ***Paramètre***

Variable définissant les conditions d'exécution d'un programme ou d'une commande

➡ ***Plein écran***

Mode de représentation d'une fenêtre d'application qui occupe la totalité du bureau. Lorsqu'une fenêtre de document est représentée en plein écran , elle occupe toute la surface de la fenêtre d'application.

➡ ***Pointer***

Consiste à placer le pointeur de la souris sur un objet

➡ ***Pointeur de souris***

Petite flèche qui suit à l'écran les déplacements de la souris. En fonction de l'application et de la zone de l'écran parcourue, le pointeur peut être amené à changer de forme.

➡ ***Presse-papiers***

Fichier spécial permettant d'échanger des données (Textes, dessins) entre différentes applications Windows. Si une application dépose des informations dans le Presse-papiers, une autre pourra les récupérer.

➠ *Sélection*

Lorsqu'une fonction s'applique à différents éléments d'une liste (par exemple aux fichiers d'une fenêtre de répertoire), les éléments concernés doivent être sélectionnés au préalable

➠ *Tâche*

Lorsque plusieurs applications s'exécutent simultanément, elles se partagent le processeur. Un programme donné qui se déroule dans l'environnement multitâche de Windows s'appelle une tâche.

➠ *Zone de liste*

Sert à sélectionner un ou plusieurs éléments d'une liste. Lorsqu'elle ne tient pas dans la fenêtre, la liste peut être déplacée à l'aide des barres de défilement.

➠ *Zone de texte*

Rectangle situé à l'intérieur d'une boîte de dialogue et dans lequel l'utilisateur est invité à taper un texte ou un nombre.

Index

!

A

B

C

D

E

F

G

H

I

J

L

M

N

O

P

Q

R

S

T

V

W

Z

Dans la même collection...

QS001	Rapido PC Tools 6	78.00
QS002	Rapido Word 5	78.00
QS003	Rapido Turbo C++	78.00
QS004	Rapido Word Windows	78.00
QS005	Rapido Excel	78.00
QS006	Rapido MS-DOS 4.01	78.00
QS007	Rapido Works 2	78.00
QS008	Rapido Quattro Pro	78.00
QS009	Rapido Word Perfect 5.1	78.00
QS011	Rapido Windows 3	78.00
QS012	Rapido Designer	78.00
QS014	Rapido Norton Utilities 5	78.00
QS015	Rapido Nantucket Clipper 5.0	78.00
QS016	Rapido QuickBasic	78.00

Achevé d'imprimer
sur les presses de l'imprimerie IBP
à Rungis (Val-de-Marne 94) (1) 46.86.73.54
Dépôt légal - Décembre 1990
N° d'impression: 5449